JN086125

パン喫茶「円居」

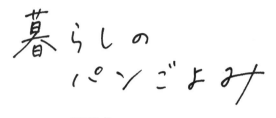

暮らしの
パンごよみ

春夏秋冬
酵母パンの
テーブル
レシピ

門脇磨奈美

すばる舎

はじめに

20代でパンづくりの面白さに目覚め、
結婚、出産、子育てと慌しい時期でも、暮らしの傍らにはいつも
自分なりのパンづくりがありました。
忙しい人によってはパンづくりなんて無理と思われがちですが、
わたしの場合でいうと、子育てと仕事に忙殺される中でも
パン暮らしが続いたのは
生活時間に組み込みやすい天然酵母パンだったから。
なにより、手をかけてパン生地を育むその時間こそが癒やしでもあったからです。

パンがつないでくれるご縁がふくらんで、
12年前に建築家の夫が改装した古い町屋で、
仲間と一緒にパン喫茶「円居」を始めたのも、ごく自然の流れでした。
お店では酵母パンを軸に、
野菜や果物を味わう季節の献立を大切にしてきました。
通ってくださるお客様から「おいしい!」の声が聞けるのが一番の喜びですが、
ときには料理心のある方々から、
「フルーツサンドのクリームには何が入っているの?」
「サラダの味つけが知りたい」などと聞かれることも度々あって。
簡単にレシピをお伝えすると、おうちでつくって家族に大好評だったなど、
嬉しいご報告をいただいて、なんとも心がじんとあたたまったものです。

ここに集めたのは、20年近く続くパンづくりから
わたしなりに試行を重ねて見い出した
家庭でつくりやすい酵母パンレシピと、お店で人気だったおかずレシピの数々。
春夏秋冬、それぞれの季節を通して、おいしい旬のものを使って
パンのあるテーブルを楽しめるようになっています。
しょっちゅう取り出して、粉だらけで紙がくたくたになるほど
この本と仲良くしてもらえたら、これほど嬉しいことはありません。

もくじ

はじめに　　　　　　　　　　　　　　2
本書「パンごよみ」レシピの魅力　　　6
パンづくりがうまくいくポイント7　　8

春のパンテーブル

立春——春の気配が感じられる
もっちり小月パン　　　　　　　　　14
苺とカマンベールチーズのミントサラダ　15

雨水——水温み雪解けが始まる
とろとろ卵とサーモントースト　　　16
満月カンパーニュ／キャロット柑橘ラペ　17

啓蟄——冬眠していた虫が動き始める
酵母マフィン　　　　　　　　　　　24
　金柑のマフィン
　アールグレイとホワイトチョコのマフィン

春分——昼夜の長さが等しき
フルーツサンド　　　　　　　　　　28
　苺とパインのフルーツサンド
　メロンのフルーツサンド

清明——空晴れ渡り花咲きそろう
ふわふわ雪パン　　　　　　　　　　32
アサリと春野菜のクラムチャウダー　33

穀雨——穀物うるおす春雨降る
小さめの食パン／バタートースト　　34
ひじきとブロッコリーのマリネ　　　35
　コラム ふわふわパンの楽しき道のり　39

夏のパンテーブル

立夏——夏の気配が感じられる
バナナとピーナッツバターのサンド　44
キャベツと新玉ねぎのポタージュ　　45

小満——陽気よく若葉が生い茂る
初夏のごちそうサラダ（自家製ツナ）　46
ハーブバター　　　　　　　　　　　47
　コラム 旬サラダのおいしいひみつ　51

芒種——稲など穀物の種を植える
とうもろこしのクルトン入りポタージュ　52
クルトン／ホタテと和香草のサラダ　53

夏至——一年で昼が最も長くなる
チキンとカシューナッツのカレー　　54
トマトと枝豆の煎り酒マリネ／
きゅうりのディルマリネ　　　　　　55

小暑——梅雨が明けて暑気入り
ローズマリーのフォカッチャ／
夏野菜のカポナータ　　　　　　　　60

大暑——夏の暑さが極まる
冷たいぷるぷるデザート　　　　　　64
　珈琲ゼリー
　フルーツ杏仁豆腐

この本の決めごと
◎大さじ1＝15ml、小さじ1＝5ml、野菜は中サイズ、卵はMサイズです。◎火加減は中火が目安です。◎パンレシピの「暖かい場所」は28〜30℃（シャツ一枚で過ごせるくらいの気温）が目安です。◎オーブンは電気オーブンを使用しています。ガスオーブンを使う場合は、レシピの温度より10〜20℃ほど低く設定してください。◎レシピの分量、時間、オーブンの設定温度は目安です。キッチンの環境や好みに合わせ、調理しながら様子を見て加減してください。

秋のパンテーブル

立秋──秋の気配が感じられる
桃のマスカルポーネトースト　　　　70
無花果のごまあんトースト　　　　　71

処暑──暑さがおさまる
アボカドのペースト／
枝豆とクリームチーズのペースト　　72
梨マスカットとモッツァレラのすだちマリネ
　　　　　　　　　　　　　　　　　73

白露──白露が草に宿る
ココナッツグラノーラ　　　　　　　74
グラノーラサラダ　　　　　　　　　75

秋分──昼夜の長さが等しき
酵母ドーナッツ　　　　　　　　　　80
　シュガードーナッツ／きな粉ドーナッツ
　チョコドーナッツ／
　はちみつレモンドーナッツ

寒露──草木に冷たい露が結ぶ
ミルクティーフレンチトーストと
　キャラメル林檎　　　　　　　　　86
林檎ベーコンのオープンサンド　　　87

霜降──霜が降りる
秋の夜長のパン酒肴　　　　　　　　90
　タコとマッシュルームのアヒージョ／
　ナスのディップ
　フルーツバター／卵のディルアンチョビ

冬のパンテーブル

立冬──冬の気配が感じられる
フォカッチャ2種　　　　　　　　　96
　ココナッツペッパーのフォカッチャ
　実り野菜のフォカッチャ

小雪──寒くなり雨が雪になる
おやつサンド　　　　　　　　　　　98
　さつま芋クリームの雪パンサンド
　ラムレーズンクリームの珈琲パンサンド

大雪──いよいよ雪降り積もる
ローストポークとマッシュポテトの
　オープンサンド　　　　　　　　104
柿と蕪の柚子マリネ　　　　　　　105

冬至──一年で昼が最も短くなる
酵母スコーン　　　　　　　　　　108
カボチャの豆乳スパイススープ　　109

小寒──寒の入りで寒気増す
根菜クロックムッシュ　　　　　　110
春菊と香菜のエスニックサラダ　　111

大寒──冷気極まり最も寒い
白菜とカシューナッツのポタージュ　112
蒸籠パン＆ミルクチーズクリーム　113

パン暮らしが楽しくなる材料　　　121
パンづくりの困りごとQ＆A　　　122
おわりに　　　　　　　　　　　　126

本書「パンごよみ」レシピの魅力

パンづくり初心者でも、つくりやすい工程です

おうちパンを誰でも楽しめるように、省けるところはなるべく省いた簡単レシピがほとんど。生地づくりは、大きく2タイプ。下記2つの生地パターンから、工程や素材の扱い方を覚えれば、混ぜる材料や成形、焼き方などをアレンジして、いろんな種類のパンができます。

[タイプ1] 混ぜ生地パターン

もっちり系のきほん＝もっちり小月パン（☞ P.14）
同パターン＝満月カンパーニュなど

[タイプ2] こね生地パターン

ふわふわ系のきほん＝ふわふわ雪パン（☞ P.32）
同パターン＝小さめの食パン、フォカッチャ、ドーナッツなど

身近な道具でつくれます

使う道具が少ないので、まず準備が簡単。だから「パンつくろうかな」と思い立ったらすぐに動ける気やすさが魅力です。

ボウルで簡単に生地づくり

1つのボウルの中で生地をつくるレシピなので、
いつもの台所スペースでOK。
「混ぜ生地」はもちろん、「こね生地」も少し力強さがいりますが
ボウル作業で完結できてお手軽です。

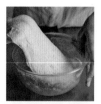

主な道具

ボウル（本書では直径19cmの透明ボウル）、計り（デジタル式がおすすめ）、
温度計、泡立て器、ヘラ（ゴムベラと木ベラ）、スケッパー、
めん棒（フォカッチャやスコーンで使用）、
布巾（生地がくっつきにくい凹凸のある木綿地、手拭いでも）、
クープナイフ（カミソリでも）、霧吹き、オーブンシート

シンプルな材料でつくれます

きほんの食事系パンは、主に小麦粉、酵母、砂糖、塩の4つ。さらにふわふわ系のパンや
フォカッチャ、ドーナッツやマフィンなどのお菓子系には、卵や油脂などを使います。

主な材料

小麦粉＝強力粉（キタノカオリブレンド）、準強力粉（タイプER）、薄力粉（ドルチェ）、強力全粒粉
天然酵母（あこ天然酵母、下記）、自然海塩、きび砂糖（粗糖でも）
＊詳しい材料は巻末に記載（☞ P.121）。
＊この本のレシピは上記の小麦粉を使った目安分量になります。
違う粉でつくる場合には、水分量を減らしたり増やしたり、調整が必要になることもあります。

安心・おいしい天然酵母を使っています

円居の好みとして「あこ天然酵母」を使っています。ホシノ天然酵母や、ほかの天然酵
母でも同じレシピでつくれますが、味わいは違ってきます。

あこ天然酵母の特徴

クセのない味わいの秘密は酵母。原料に「麹」が含まれ、
日本人が好む旨味があり、お腹に自然となじみます。
ごはんのようなパンで、くり返し食べても飽きないところがおすすめです。

「生種（なまだね）」のこと

あこ天然酵母を「生種」にするためには、予め「生種起こし」が必要です。
酵母の粉末をぬるま湯（分量はメーカーのHP参照）と混ぜて予備発酵させます。
あこ天然酵母 www.ako-tennenkoubo.com
＊この本では混ぜ生地（もっちり系）→「ライトタイプ」
こね生地（ふわふわ系）→「ストロングタイプ」を使用。

できあがった生種は、とろり
とした甘酒のような味とツン
とした香り。冷蔵保存して。

季節を味わう、おいしいパン献立があります

日本の昔ながらの季暦・二十四節気に合わせて。パンによく合う、季節に食べたいおか
ずや、旬の野菜を使ったスープやサラダと組み合わせた献立アイデアを掲載しています。
円居の人気メニューでもある、オープンサンドウィッチやフルーツサンド、クロックムッシュなど
は、この本で焼いたパンはもちろん、市販のパンでもつくれます。

パンづくりがうまくいくポイント 7

1 生地づくりの「水の温度」

材料の「水」の温度は、生地づくりのためにとても重要です。
生地のふくらみ加減や、成形のしやすさなどにも関係してきますから、次のように仕込み水の温度を気づかってください。

夏（暑い日）　冷蔵庫で冷やした冷水（気温が高いと、発酵の進みが早いので冷水でじっくり発酵）。
冬（寒い日）　人肌程度のぬるま湯（気温が低いと、発酵が進みにくいのでぬるま湯で発酵を促す）。
夏冬以外　常温の水。

2 生地を「触り過ぎない」

成形は手早く、生地の触り過ぎは禁物です。手のあたたかさで生地がベタベタの状態になって、扱いにくくなりがちです。

柔らかい生地はとくに、スケッパーを手の代わりにうまく使ってみてください。

3 乾燥を防ぐ「ぬれ布巾」

パン生地は乾燥しやすく、乾燥すると生地の表面が固くなって、うまくふくらまなくなるので注意が必要です。乾燥防止に生地にはぬれ布巾をかけますが、ぬれ過ぎていると布巾に生地がくっつきがち。

布巾に霧吹きで水をかけて湿らせると、ほどよい「ぬれ加減」になります。

4 「温度と時間」は柔軟に

酵母は生きものなので、季節や室温など、そのときの生地づくりの環境によって、発酵スピードが異なることがあります。

気をつけたいのは夏と冬のパンづくり。
気温が高い日　涼しい場所を選んでください。使う材料や道具を冷やしておいても。
気温が低い日　仕込み水の温度に気をつけて、暖房の効いた暖かい場所を選んでください。

生地の状態を見て、柔軟に。大きくふくらむ（ボウル上まで生地が発酵する程度）まで、レシピの目安時間を過ぎてしまっても、焦らずに待ってあげて。目安時間前に大きくふくらんでしまったら、早めに冷蔵庫で休ませます。

5 「冷蔵庫」を生地の預かり所に

一次発酵が終わった生地は、ボウルごと「冷蔵保存」できます。時間のやりくりや生地の状態を調整するのに、冷蔵庫はとっても頼りになる存在です。

冷蔵庫に入れておけば、自分の好きなタイミングで生地を取り出して焼けます。

冷蔵庫で休ませている生地を、翌日に焼けない場合、一次発酵が終わった生地は、冷蔵庫で2日程度は保存できます（湿度の高い野菜室がおすすめ）。

6 「自分のオーブン」を味方につけて

オーブンはメーカーや機種によって火力が異なり、焼く時間や焼き上がりの状態はそれぞれです。何度か焼きながら、火の当たり具合など自分のオーブンのクセがどんなふうかを探ってみてください。温度や時間を調整できると断然つくりやすくなります。

オーブンの発酵機能を使う場合は、予熱にかかる時間を踏まえて、途中で生地を取り出します。入れたままにしておくと、予熱中にふくらみ過ぎ（過発酵）になってしまうので、注意が必要です。

7 「スケジュール」は2日に分けて

前編「生地の仕込み」と後編「焼き上げ」とに作業を分け、2日間のスケールでゆったりスケジュールを考えると、生活の隙間時間で無理なくパンづくりを楽しめます。ここでは夜仕込む、朝仕込む、2例をご紹介。自分の暮らしに合わせて、応用してください。

[パンづくり2日間のスケジュール例]

夜仕込むパターン

寝る前に仕込み→翌昼 焼き上がり

___
1日目

19:30　生地づくりスタート
＊夕食の支度などのついでに材料の計量をしておくとスムーズ。
＊寒い時期は、発酵がゆっくりなので少し時間を前倒しして。

22:00頃 生地を折り畳んで、発酵を進める。
[一次発酵の開始]
＊暑い時期は、寝ている間にどんどん発酵が進むので、生地を触ったら、冷蔵庫に入れて一旦冷やし→寝る直前に冷蔵庫から取り出す、など発酵が進み過ぎないように調整を。

___
2日目

6:00頃　[一次発酵の終了]
できた生地は、冷蔵庫でお休み。
＊好きなタイミングで焼いてOK。この後の手順は、焼き上げたい時間を逆算して、冷蔵庫に預けていた生地を取り出して。

10:00頃　分割・成形
生地を丸めたりして、形にする。
[二次発酵]

焼成
オーブンで焼く。

お昼頃　焼き上がり
焼きたてパンで、おいしいランチを！

家事の合間に
つくれますよ

朝仕込むパターン
早起き仕込み→翌朝 焼き上がり

1日目

6:00 **生地づくりスタート**
＊朝食の支度などの合間に生地をこね
るなど手と目を加えて。

8:30頃 **生地を折り畳んで、発酵を進める。**
［一次発酵の開始］
＊一次発酵の間は、自由に時間を使えます。買い物やランチなどに出かける間、発酵の進み過
ぎが心配なら一旦冷蔵庫に預けてもOK！ 帰宅後に取り出す。

15:00頃 **［一次発酵の終了］**
できた生地は、冷蔵庫でお休み。
＊好きなタイミングで焼いてOK。この後の手順は、焼き上げたい時間を逆算して、冷蔵庫に預け
ていた生地を取り出して。

2日目

6:00 **分割・成形**

［二次発酵］
＊二次発酵に入ると途中で作業が止められないので、2時間ほどまとまった時間を確保してから
作業に入ります。
＊酵母マフィンと酵母スコーンの場合は二次発酵がないので朝起きて生地を取り出したら、1時
間以内に焼き上がり。

焼成
オーブンで焼く。

8:00頃 **焼き上がり**
焼きたてパンで、とびきりのモーニングを！

春のパンテーブル

心はずむ、芽吹きの季節が到来です。
命のみずみずしさを感じる旬の野菜を
たっぷり使ってパン献立を楽しみましょう。

甘味が増すフレッシュな野菜は
サラダやマリネに、または具たっぷりのスープに。
旬の果物はフルーツサンドやマフィンでも味わって。

光あふれる春の日々は、パンにも心地よきもので
生地の発酵もスムーズに進んでいきます。
なにか新しいことを始めたくなる時期でもあり、
パンづくり初心者のチャレンジにはもってこいですよ。

☞ P.18

（立春）

もっちり小月パン

きほんの酵母パンは、少ない材料で難しいこね作業もなく、
パンづくり初心者にもつくりやすいレシピです。
粉の風味よく、ちょっと噛みごたえのあるプチハード系で、
どんなおかずにも合う、ごはんのようなパンです。

苺とカマンベールチーズのミントサラダ

☞ P.22

甘酸っぱい苺にこっくりしたチーズ、
爽やかなミントが味のアクセントに。
彩りも愛らしい、春の野原のようなサラダです。

（雨水）

とろとろ卵とサーモントースト

☞ P.23

スモークサーモンの旨味に、
ふわとろの卵、カリッと焼いたパン。
味と食感が絶妙のオープンサンドです。

もっちり小月パン（☞P.14）を分割なしで焼くので、より簡単です。
まんまる満月のように大きいまま焼くことで、もっちり感が際立ちます。
スープやサラダに添えたり、薄く切ってサンドウィッチに、
いろんな食卓シーンに合います。

満月カンパーニュ

☞ P.21

キャロット柑橘ラペ

☞ P.22

パンテーブルの彩りに。
柑橘の酸味にレーズンのほの甘さがあって
子どもにも大好評です。

きほんの混ぜ生地
もっちり小月パン

材料（直径8cm 6個分）

A 強力粉（準強力粉）…170g

　全粒粉…30g
　*強力粉のみで200gでも

　きび砂糖…5g

　塩…3g

B 生種（☞P.7参照）…16g

　水…135g
　*使う粉・季節で
　調整する場合は
　125〜145g

生種 + 水を
計る → 混ぜる

準備すること

Bの仕込み水は、夏は冷水、冬はぬるま湯、それ以外は常温（☞P.8）。

オーブンの焼き作業で使う、天板サイズの下敷きを用意。
*段ボールなどを天板サイズにカット。

1 ボウルに**A**を入れ、泡立て器で混ぜる。

2 **B**を先に混ぜてから、ボウルに加える。ゴムベラで、1分ほどよく混ぜる。

3 ラップをして、10〜15分休ませる。
*小麦のたんぱく質と水が結びつく「水和」の始まり。15分ほど経つと生地の表情は混ぜた直後と全然違うものに！

ボウル端から中心へ

4 生地をまとめ直す。ゴムベラで生地を折り畳む。
*刺激を与えるほど発酵が進み、グルテン膜を引き締め、生地を強くすることに！

5 ラップをして暖かい場所で2〜3時間ほど休ませる。
[一次発酵の開始]

持ち上げて中心へ

6 スケッパーで生地を折り畳む（ボウルを回しながら一周分くり返す）。

図A

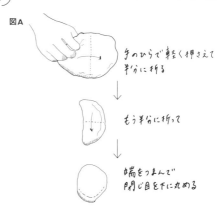

手のひらで軽く押さえて
半分に折る

↓

もう半分に折って

↓

端をつまんで
閉じ目を下に丸める

7 ラップをして約2倍にふくらむまで暖かい場所で生地を休ませる。6～10時間が目安。

8 約2倍にふくらんだ生地は冷蔵庫で保存。

＊目安時間前でも2倍にふくらんだら冷蔵庫へ。1～2日保存可能。
[一次発酵の終了]

9 冷蔵庫から出した生地をスケッパーで6等分。手のひらで軽く押さえて、打ち粉をしながら生地を丸める（**図A**）。

10 ぬれ布巾をかぶせ、10～15分休ませる。
[ベンチタイム]

＊暑い日は短め、寒い日は長めに休ませて。

軽く押さえてから丸めて

11 丸め直して、オーブンシートにのせる。軽く湿らせた布巾をかぶせ、暖かい場所で60分休ませる。
[二次発酵]

＊下敷き（☞P.18／準備）の上にオーブンシートを重ねる。
＊オーブンの発酵機能なら、35℃前後で60分目安。

きほんの混ぜ生地
もっちり小月パン

ハード系のパンは
天板ごと予熱

図B

ポイント

ハード系パンをうまく焼くひと工夫

コツは高温をキープすること。庫内温度を下げないように、予熱から天板を熱くします。生地を並べる手順で、熱くした天板を外に出すと温度が下がるので、生地を庫内へスライド。天板を裏返してフラットな面を上にし、スムーズにさっとスライドできるようにします。

12 オーブンの最高温度で予熱して、生地に粉をふる。
＊生地がひと回り大きくなったら焼く準備。
＊天板は裏返して庫内予熱（**図B**）。

13 ナイフでクープ（切り込み）を入れる。

↓ 下敷きに重ねたシートをさっと滑らせて

14 230℃にして、15分～20分焼く。
①オーブンシートを下の天板へスライド。

＊上の天板も熱調節のため入れて置く。

②スチーム機能がない場合は庫内にたっぷり霧吹きをする。

＊（焼きムラ防止で）10分経ったら上の天板を外し、下の天板の向きを変える。

15 焼き上がり！

混ぜ生地のパターン
満月カンパーニュ

材料（約15×15cm 1個）

もっちり小月パン（☞P.18）と同じ。

準備すること

ザル（またはボウル）に綿布を敷き、打ち粉をたっぷりふる [a]。

1 生地をつくる（☞P.18〜19 手順**1**〜**8**を参照）[b]。

[一次発酵の終了]

2 生地を台の上にのせ、丸め直す。

①四角に広げる [c]。②二つ折り。③さらに二つ折り。④すみをつまんで丸める [d]。

3 丸めた生地の閉じ目をつまみ、ザルに入れる [e]。

*閉じ目が上になるように。

4 軽く湿らせた布巾をかけ、暖かい場所で<u>1〜1時間半休ませる</u> [f]。

[二次発酵]

5 オーブンの最高温度で予熱したら、<u>230℃で25〜30分焼く</u>。

①オーブンシートに生地をのせる際は、ザルごとそっと返して [g]。②粉つきが少なければ適宜ふって、クープを十字に入れる [h]。③オーブン入れのコツは、小月パン ☞P.20 手順**14**を参照。

*（焼きムラ防止で）20分ほど経ったら上の天板を外し、下の天板の向きを変える。

苺とカマンベールチーズのミントサラダ

材料（2〜3人分）

苺…5〜6個

カマンベールチーズ
　　…50g（約1/2個）

ベビーリーフ…1袋

クレソン…1束

ミント…適量

A ドレッシング

　オリーブオイル…大さじ3

　白ワインビネガー
　　…小さじ2

　玉ねぎ（すりおろし）
　　…小さじ1

　はちみつ…小さじ1/2

　塩…小さじ1/4

　黒こしょう…少々

1 苺は半分に、カマンベールチーズは放射状に切る。ミントはちぎる。ベビーリーフ・クレソンを一口大に切って、冷水につける。シャキッとしたら、水気をしっかり切る。

2 1をボウルへ入れ、食べる直前にAと和える。器に盛り、好みでスライスアーモンドを散らしても。

キャロット柑橘ラペ

材料（2〜3人分）

人参…200g（約1・1/2本）

柑橘（はっさく、グレープフルーツなど）
　　…正味40g

クルミ・レーズン…各20g

クミンシード…小さじ1/2

A オリーブオイル…大さじ3

　白ワインビネガー
　　…大さじ1

　はちみつ・柑橘果汁
　　…各小さじ1

　塩・黒こしょう…各少々

準備すること

レーズンはさっと湯通しして、クミンシードはフライパンで乾煎り、クルミは細かく砕く。

1 人参はピーラーでリボン状にスライス。塩少々（分量外）をふって5分ほど置き、水気を絞る。

2 柑橘は房から実を外す。
＊ボウルの上で外し、滴る果汁はAに使う。

3 全材料をボウルへ入れ、食べる直前にAと和える。

とろとろ卵とサーモントースト

材料（つくりやすい分量）

満月カンパーニュ（☞P.21、好みのパンでも）…1枚

とろとろ卵（右記）…適量

スモークサーモンマリネ（右記）…適量

粒マスタード…適量

1 カンパーニュをトーストして、粒マスタードを塗る。

2 とろとろ卵→スモークサーモンマリネの順でパンにのせる。好みで黒こしょう、ディルを添えても。

とろとろ卵

材料（つくりやすい分量）

無塩バター…5g（小さじ1）

A 全卵…2個

牛乳…大さじ1

きび砂糖・塩…各1つまみ

＊甘めの味つけが好みなら砂糖は2つまみでも

1 ステンレスボウルにバターを入れ、湯煎で溶かす。

2 別ボウルに**A**を入れ、泡立て器で白身を切りながらしっかり混ぜる。

3 **1**に**2**を加え、泡立て器で混ぜたらゴムベラに変え、火入れする[a]。好みの固さになったら火からおろす。

スモークサーモンマリネ

材料（つくりやすい分量）

スモークサーモン…50g

玉ねぎ（みじん切り）…15g（小1/8個分）

A オリーブオイル…大さじ1

レモン果汁…小さじ1/2

ディル…適量

1 玉ねぎは水にさらして、水気を切っておく。

2 ボウルに**1**の玉ねぎ、スモークサーモン、**A**を入れて和える。

金柑のマフィン
☞ P.26

☞ P.26

（ 啓蟄 ）

酵母マフィン

一般的なベーキングパウダーを使うマフィンと違って、
蒸しパンのように、ふんわりしっとりした生地が魅力。
発酵1回で、型に流すだけなので初めてでも上手にできます。
フルーツやチョコを混ぜたり、紅茶や珈琲の生地にしたりアレンジ多彩。
見た目も華やかなので、手土産にも喜ばれます。

アールグレイとホワイトチョコのマフィン

☞ P.27

金柑のマフィン

材料
（直径7cmのマフィン型 6個分）

A 薄力粉…150g
　全粒粉…30g
　アーモンドプードル…40g
　塩…1g

B 全卵（室温に戻す）…1個
　太白ごま油…80g
　無調整豆乳…100g
　きび砂糖…75g
　生種（☞P.7参照）…20g

金柑のシロップ煮
　（右ページ、市販でも）…適量

準備すること

型にマフィン用のグラシン紙を敷く。

ポイント

金柑のシロップ煮の代わりに、林檎やイチジクなど季節の果物をのせても。

生地の中にジャムやクリームチーズを入れても。

1 Aはふるっておく。Bの材料を上から順に1つずつボウルに入れ、そのつど泡立て器でもったりするまでよく混ぜ合わせる。

2 BのボウルにAを一気に入れ、ゴムベラで粉っぽさがなくなるまで混ぜる[a]。
＊混ぜ過ぎると仕上がりがずっしり重たくなるので注意。

ヘラを縦に動かし切るように混ぜて

3 ラップをして、暖かい場所で休ませる。6〜8時間が目安。

4 ふわっと表面がふくらんだら、生地が完成[b]。
＊すぐ焼けないときはラップして1〜2日冷蔵保存。

5 スプーンを使ってマフィン型に生地を均等に入れる[c]。金柑のシロップ煮を上にのせる。好みでアーモンドスライスやピスタチオを散らしても。

6 210℃に予熱したオーブンで、25分焼く[d]。焼き上がったら型から外し、網の上で冷まして。

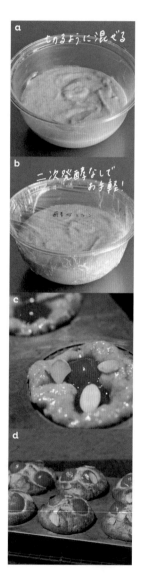

a 切るように混ぜる

b 二次発酵なしでお手軽！

c

d

金柑のシロップ煮

材料（つくりやすい分量）

1 ボウルに金柑250gを入れてひたひたの水に浸し、半日〜一晩アク抜きをする。竹串でヘタを取り、横半分に切って種を除く。

2 鍋に水気を切った金柑、白ワイン150g、きび砂糖100g、はちみつ50gを入れて火にかけ、アクを取りながら15〜20分煮る。

＊冷蔵保存で2週間目安。

ポイント

余ったシロップはお湯割りやソーダ割りで飲むのもおすすめ。

アールグレイとホワイトチョコのマフィン

準備すること

型にマフィン用のグラシン紙を敷く。

アールグレイティーは5分ほど蒸らして濃いめに淹れたら、こさずに茶葉ごと仕込み水として使用。

材料
（直径7cmのマフィン型 6個分）

A 薄力粉…180g
　　アーモンドプードル…40g
　　塩…1g

B 全卵（室温に戻す）…1個
　　太白ごま油…80g
　　無調整豆乳…70g
　　きび砂糖…70g
　　生種（☞P.7参照）…20g
　　アールグレイティー
　　　…茶葉4g＋湯40g

ホワイトチョコレート（製菓用）
　…50g

1 金柑のマフィン（左ページ手順**1〜4**）と同様に、生地をつくる。

2 生地にホワイトチョコレートを混ぜ、ゴムベラで均等に混ぜる。

3 **2**をスプーンを使ってマフィン型に均等に入れる。

4 210℃に予熱したオーブンで、25分焼く[a]。焼き上がったら型から外し、粗熱がとれたら好みで粉糖をかける。

フルーツサンド

ケーキのように可憐なフルーツサンド。
おいしさのポイントは、ミルキーな水切りヨーグルトのクリームと
マスカルポーネのさじ加減です。
フルーツの切り方や置き方の心配りで、見映えがアップ。
春夏の苺・パインとメロンのほか、旬の果物を組み合わせてお試しを。

苺とパインのフルーツサンド

☞ P.31

メロンのフルーツサンド

☞ P.30

メロンのフルーツサンド

材料 (1セット分)

メロン (青肉・赤肉)…9カット
＊約 $1/8$ 個から切り分け
＊赤肉・青肉を使うと色味がきれい。
片方だけでもOK

薄切り食パン (サンドウィッチ用)
　…2枚

フルーツサンド用クリーム
　(下記)…適量

1 メロンを四角っぽくゴロッと、色味と大きめ・小さめの配置を考えて切る。
＊カットしたメロンはキッチンペーパーの上に並べて水気を切る。

2 食パンの1枚にクリームを薄くのばす。

3 中央に大きめのメロンを並べ、四隅に小さめのメロンを並べる [a]。

4 隙間を埋めるように上からクリームをのせて [b]、もう1枚のパンでサンドする。

5 ラップに包んで30分〜1時間ほど冷蔵庫で休ませ [c]、ラップを外し、包丁でパンの耳を落としてから十字にカットする。

フルーツサンド用クリーム

材料 (2〜3セット分)

生クリーム…200ml (1パック)
＊動物性で乳脂肪分40％以上のものがおすすめ

グラニュー糖…25g

A 水切りヨーグルト…60g
　｜ マスカルポーネ…20g

準備すること

前日に水切りヨーグルトを仕込む。

ヨーグルト (無糖) 150〜200gを一晩、キッチンペーパーを敷いたザルで水切りする。
＊しっかり水気を抜くために重しをすると◎。

1 ボウルに生クリームとグラニュー糖を入れ、泡立て器で8分立てにする。

2 1にAを加え、ゴムベラでよく混ぜ合わせる。

苺とパインのフルーツサンド

材料（1セット分）

苺…2個

パイナップル…5カット
*約1/8個から切り分け

薄切り食パン（サンドウィッチ用）
…2枚

フルーツサンド用クリーム
（左ページ）…適量

1 苺は縦半分に切り、パイナップルは大きめ1つ・小さめ4つに、配置を考えて切る[a]。
*カットした苺・パイナップルはキッチンペーパーの上に並べて水気を切る。

2 食パンの1枚にクリームを薄くのばす。

3 2のパンに、大きめのパイナップルを中央、そのまわりに苺、四隅に小さめのパイナップルを並べる。

4 隙間を埋めるように上からクリームをのせて、もう1枚のパンでサンドする。

5 ラップに包んで30分〜1時間ほど冷蔵庫で休ませる。ラップを外し、包丁でパンの耳を落としてから十字にカットする。

ポイント

きれいに仕上げるコツ5

①カットしたフルーツの水気を切ります。

②フルーツの一番厚みのあるカットを中心に配置。

③パンの四隅にもフルーツをのせると、（断面には見えないけれど）最後までフルーツとクリームを一緒に楽しめます。

④冷蔵庫で休ませると、フルーツとクリーム、パンがなじんできれいに切れます。

⑤クリームは、ヨーグルトとマスカルポーネなしでもつくれますが、入れると口当たり爽やかな酸味とコクがでます。

マンゴー×キウイ、巨峰×マスカット、梨×マスカットの組み合わせもおすすめ。

☞ P.36

（清明）

ふわふわ雪パン

ころころ雪んこのような色白のかわいい生地。
ふんわり食感とほのかな甘味のパンは、焼きたてを食べると
誰もが感激します。こね系パンのきほんとして、
覚えると応用が利いてパンづくりが楽しくなりますよ。

アサリと春野菜のクラムチャウダー

☞ P.40

春ならではのアサリの旨味に新じゃが芋、春大根などの
旬の野菜を合わせた、食べごたえのある、おかずスープ。
季節の根菜に変えても美味です。
人が来る日の一品としてもおすすめです。

小さめの食パン

☞ P.38

トーストはふわふわ雪パン（☞P.36）の生地を使った
パウンド型で気軽に焼けるレシピです。
小ぶりサイズが朝パンやおやつにぴったり。

バタートースト

☞ P.41

わが家の朝パンの定番です。
パンは焼き方で味わいがぐっと変わりますが、
フライパンで焼くと水分がほどよく飛んで
バターの風味がじんわり染みて
外はカリカリ、中はもっちり。

ひじきにバルサミコ酢の風味が好相性。
黒、赤、緑の彩りがきれいで、
おもてなしにもおすすめです。

ひじきとブロッコリーのマリネ

☞ P.41

きほんのこね生地
ふわふわ雪パン

材料（直径8cm 6個分）

A 強力粉…200g
　きび砂糖…20g
　塩…3g

B 生種（☞P.7参照）…16g
　水…120g
　＊使う粉・季節で調整する場合は
　110〜130g
　太白ごま油…20g

力強く！

50回
以上でも！

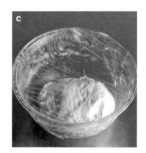

1 **A**はボウルに入れ、泡立て器で混ぜる。**B**は別ボウルに入れ、泡立て器で全体がなじむまで混ぜる。

2 **B**を**A**のボウルに入れ、力が入るヘラ（木ベラ・ゴムベラどちらでも）で2〜3分しっかりこねる[a]。
＊こねるときだけボウルを大きめに変えても。大きいほうがヘラを力強く動かしやすい。
＊ヘラでこねづらい場合はボウルの中で手を使ってOK。

3 ラップをして、生地を20分ほど休ませる。

4 再び、ヘラでしっかり50回ほどこねる[b]。
＊力強くヘラを動かして。こねればこねるほど、ふんわりパンに。

5 ラップをして、暖かい場所で2〜3時間休ませる[c]。
[一次発酵の開始]

6 スケッパーで生地を中心に向かって折り畳む（ボウルを回しながら一周くり返す）。

7 ラップをして約2倍にふくらむまで、暖かい場所で生地を休ませる（6〜10時間目安）。

ポイント

台にのせた手ごね作業をしない代わりに、ボウルの中でヘラを使って力強くこねます。雪パンは焼き上がり後に固くなりやすいので、粗熱がとれたらすぐに保存袋に入れます（**図B**）。

図B

d

8 約2倍にふくらんだら、生地を冷蔵庫で保存する[d]。1〜2日保存可能。
[**一次発酵の終了**]

e

9 冷蔵庫から出した生地をスケッパーで6等分。手のひらで軽く押さえて、打ち粉をしながら丸める[e]。
＊丸め方は小月パン（☞P.19手順**9**）と同様（**図A**）。

10 ぬれ布巾をかぶせ、10〜15分休ませる。
[**ベンチタイム**]

11 成型。丸め直してオーブンシートを敷いた天板にのせる。

12 軽く湿らせた布巾をかぶせ、暖かい場所で60分ほど休ませる。
＊オーブンの発酵機能なら、35℃前後で60分目安。
[**二次発酵**]

f

13 オーブンを200℃に予熱。焼く前に粉をふって[f]180℃で12〜14分焼く。
＊ハード系の小月パン（☞P.20）と違い、天板の予熱は不要。
＊（焼きムラ防止で）10分ほど経ったら天板の向きを変える。

図A

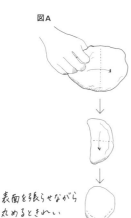

表面を張らせながら丸めるときれい

こね生地のパターン
小さめの食パン

材料（パウンド型17〜20cm）

ふわふわ雪パン（☞P.36）と
同じ。

準備すること

型にオイルを塗っておく。
＊テフロン加工でない型はオーブンシー
トを敷いて。

閉じ目を下にして
型入れを

1 生地をつくる（☞P.36〜37
手順**1**〜**8**を参照）。
［一次発酵の終了］

2 生地をスケッパーで3等
分する[a]。手のひらで
軽く押さえて、打ち粉をしな
がら丸める。
＊丸め方は小月パン（☞P.19手順**9**）
と同様。

3 ぬれ布巾をかぶせ、10
〜15分休ませる。
［ベンチタイム］

4 オイルを塗った型に、
生地を丸め直して入れ
る[b]。

5 **4**に軽く湿らせた布巾
をかぶせ、暖かい場所
で90分ほど休ませる。
［二次発酵］
＊オーブンの発酵機能なら、35℃前後
で90分目安。

6 生地がふくらんで型か
ら1〜2cmくらい出たら、
発酵完了の目安。

7 オーブンを230℃で予熱
して、210℃で20分焼く。
焼き上がったら型から外し、
網の上で冷ます。

ふわふわパンの楽しき道のり

小麦粉と水を混ぜて時間をおくと、こねなくてもグルテンは生成されます。でもこねることで生地に力がついて、発酵が進んで大きくふくらむことができ、きめ細やかなふわふわなパン生地ができます。

この本では、ボウルで生地をつくる2つのタイプをご紹介しています。「混ぜるだけ」のもっちり系と、ボウルの中で「こねる」ふわふわ系です。ふわふわ系のパンに関しては、「こね」がものをいうわけですが、ボウルでの生地づくりでも、一番の勝負どころが最初のこねの手順です。ゴムベラをしっかり握って2〜3分間ほど、二の腕がプルプルするくらいこね混ぜます。それでも一般的な製法の台の上でたたきつけてこね続けるパンと比べれば、格段に力いらずで楽です。

でもそれでは「こね」が足りないのでは?と思われるでしょうが、その力不足をカバーするのが、「時間」。手間をかけずに、時間をかける作戦です。雪パンやフォカッチャ、ドーナッツのようなふわふわパンは、生地をこねるときに、途中で休ませてあげます。

こねて、休ませ、またこねる。2度に分けて、こねる工程を加える。つまり2度グルテンに刺激を与えて、生地の発酵を促してあげるやり方です。

とはいえ混ぜるだけの生地と比べると、こねる生地は少し手間も時間もかかりますが。ゆっくりゆっくり生地が育って、ふんわりとふくらんでいく、その道のりを見守る時間には、つくる人だけが味わえる幸せがあるとわたしは思っています。

アサリと春野菜のクラムチャウダー

材料（2〜3人分）

アサリ…200g

白ワイン（または料理酒）…50ml

オリーブオイル…大さじ1

にんにく（みじん切り）
…1/2かけ

玉ねぎ（粗みじん切り）…1/2個

ベーコン（角切り）…30g

新じゃが芋（大きめ角切り）
…1個（100g）

春大根（大きめ角切り）
…約2cm（50g）

人参（角切り）…1/3本（30g）

薄力粉…大さじ1強

A 牛乳…200ml

無塩バター…15g

塩・黒こしょう…各少々

準備すること

アサリは塩水にひたして砂抜きをする。

1 フライパンに水（50ml・分量外）・白ワイン・アサリを入れ、蓋をして強火にかける。アサリの口が開いたら火を止め余熱で蒸らす。煮汁と身を分けておく。
＊飾り用に殻つきの身を2、3個残して。

2 鍋にオリーブオイルとにんにくを入れ、弱火にかけ、香りを出したら玉ねぎ→ベーコン→人参の順に炒める。

3 じゃが芋、大根も加えて炒めたら、薄力粉を入れて粉っぽさがなくなるまで炒める。

4 1のアサリの煮汁＋水（分量外）＝400mlを加え、具材が柔らかくなるまで7〜8分煮る。

5 Aとアサリの身を入れ、味を調える。好みで、彩りにゆでブロッコリーを加えても。

バタートースト

材料（1人分）

小さめの食パン（☞P.38、好み
　の食パンでも）…厚切り1枚

無塩バター…15g

塩…少々

1 厚めに切ったパンに、包
丁で切り込みを入れる
（下図）。

2 フライパンを火にかけバ
ターを溶かしたら、**1**の
パンを切り込み側を下にし
て焼く。

3 焦げ目がついたら、ひっ
くり返して焼く。最後に
好みの塩をぱらり、はちみ
つをかけても。

ひじきとブロッコリーのマリネ

材料（2〜3人分）

乾燥長ひじき…10g

ブロッコリー…1/4房

ミニトマト…5〜8個

紫玉ねぎ…1/8個（約15g）

A マリネ液

　オリーブオイル・しょうゆ
　　…各大さじ1

　バルサミコ酢…大さじ1/2

　きび砂糖…小さじ1/2

1 ひじきは水で戻したら水
気を絞り、食べやすい
長さに切る。

2 ミニトマトは1/4に切る。ブ
ロッコリーは小房に分け、
2分ほどゆでる。紫玉ねぎ
は薄切りにして水にさらし、
水気を切っておく。

3 ボウルに**A**を合わせ全
材料を和える。

夏の
パンテーブル

年々暑さが増している夏なので
手早い調理やつくり置きなど小ワザも効かせ、
しっかりエネルギーになるパン献立を考えてみました。

目にも鮮やかな夏野菜に、
食欲をそそるスパイスを味方につけて
色と香りを重ねて楽しむレシピがより活躍します。
夏の喫茶スペシャルレシピ・冷たいデザートは
甘さ控えめで、おもてなしにも喜ばれるはず。

夏のパンづくりは、発酵が早く進みがちですので
冷蔵庫を使いながらつくるとうまくできます。

バナナとピーナッツバターのサンド

☞ P.48

ピーナッツバターやジャムを塗って、バナナをはさむだけ。
とっても簡単で栄養価も高く、忙しい朝やおやつにぴったり。
隠し味はラズベリージャムの甘酸っぱさ。
この味の組み合わせ、きっとうれしい驚きですよ。

キャベツと新玉ねぎのポタージュ

☞ P.49

春夏に出まわるキャベツと玉ねぎの
やわらかな甘味が、お腹にやさしい。
朝食や夜食に、
胃腸が弱っているときの養生スープにも。

☞ P.50

（小満）

初夏のごちそうサラダ（自家製ツナ）

野菜をもりもり食べたい日には、ボリュームサラダを主役にします。
自分でつくったツナを使うと、特別なおいしさです。
大皿に盛って、パンとワインを添えれば、休日のブランチや女子会にも。

ハーブバター

☞ P.49

芳潤なハーブに、にんにく・ナッツを加えたバターは、
香りと食感がレベルアップ。
パンのお供に、料理のアクセントにと、使い勝手が抜群です。

バナナとピーナッツバターのサンド

材料 (1人分)

サンドウィッチ用食パン
　(好みのパンでも) …2枚

バナナ…1/2本

ピーナッツバター (無糖)
　…好きなだけ

ラズベリージャム (右記、市販でも)
　…好きなだけ

1 パンを軽くトーストする。

2 片面にピーナッツバター、もう片面にラズベリージャムを塗る。

3 縦に切ったバナナをのせて、はさむ。食べやすく包丁でカットする。

ラズベリージャム

材料 (つくりやすい分量)

1 鍋に、ラズベリー (冷凍品でも)200g・グラニュー糖100g・レモン果汁小さじ1/2を入れ、30分～1時間おく。

2 鍋を火にかけ、沸騰したらアクを取り除き、火を弱めの中火にして10分ほど煮詰める。

＊冷めると固くなるので、ゆるめに仕上げて。

キャベツと新玉ねぎのポタージュ

材料 (2～3人分)

キャベツ…1/4個 (250g)

新玉ねぎ…1/2個 (100g)

無塩バター…10g

水…400ml

野菜ブイヨン (市販)
　　…1袋 (5g)
＊「オーサワの野菜ブイヨン」を使用

牛乳…100～150ml

塩・黒こしょう…各適量

1 キャベツはざく切り、玉ねぎは繊維を断つように薄切りにする。

2 鍋にバターを入れて火にかけ、玉ねぎ→キャベツの順に入れ、塩少々を加えて炒める。

3 水と野菜ブイヨンを加え、弱火で20分ほど煮る。

4 粗熱がとれたらミキサーかフードプロセッサーで、なめらかになるまで撹拌する。

5 4を鍋で温め、牛乳で好みの濃度までのばし、塩・黒こしょうで味を調える。

ハーブバター

材料 (つくりやすい分量)

無塩バター (室温に戻す)
　　…100g

玉ねぎ (みじん切り)…20g

スライスアーモンド…20g

にんにく (すりおろす)
　　…1/2かけ

塩…小さじ1/2弱

好みのハーブ
　　…2～3種で10g
＊今回はディル、ローズマリー、パセリ。
1種でもOKですが、数種混ぜると◎

1 ハーブ、スライスアーモンドは包丁で細かく刻んでおく。玉ねぎのみじん切りは水にさらし、水気をしっかり絞っておく。

2 全材料をボウルに混ぜ合わせ、保存容器に詰めて (または棒状に成形して) 冷蔵庫で寝かせる。

ポイント

冷蔵1週間、冷凍3週間ほどの保存目安。

大葉とアサツキを合わせると和風バターに。パクチーとミントやバジルを合わせるとエスニックバターに。アンチョビを少し入れても美味 (その場合は塩は加えずに)。

パンに塗ってガーリックトーストに。熱々に蒸したじゃが芋や、魚やきのこのソテーのつけ合わせにも。

初夏のごちそうサラダ

準備すること

卵は冷蔵庫から出してすぐに沸騰した湯で8分ゆで、半熟ゆで卵にする。

ツナは身をほぐす。

材料（2〜3人分）

オクラ…2本

トマト…2個

ゆで卵…2個

自家製ツナ（右記、市販でも）
　…適量

じゃが芋…2個

ブラックオリーブ…2〜5粒

A ドレッシング

　オリーブオイル…大さじ4

　白ワインビネガー
　　…大さじ1

　アンチョビ（みじん切り）
　　…10g（4〜5枚）

　にんにく（すりおろし）
　　…小さじ1/4

　レモン果汁…小さじ1/2

　きび砂糖…ひとつまみ

　塩・黒こしょう…各少々

1 オクラはさっと塩ゆでして縦に切り、トマトは一口大に切る。オリーブは薄切りにする。

2 ゆで卵は縦4つに切る。じゃが芋はよく洗って皮つきのままほっくり蒸し、粗熱がとれたら一口大に切る。

3 1、2とほぐしたツナを器に彩りよく盛り合わせ、混ぜ合わせたAを食べる直前に好みの量をかける。

自家製ツナ

材料（つくりやすい分量）

マグロ刺身用（カツオでも）
　…1サク（約200g）

A 下味

　水…200ml

　きび砂糖…大さじ1

　塩…小さじ1強

B オリーブオイル
　　…マグロ全体が
　　浸かる量

　にんにく（つぶす）…1かけ

　ローリエ…1枚

　ローズマリー…1本

　黒こしょう（ホール）…5粒

1 マグロはキッチンペーパーで水気をとる。保存袋にAとマグロを入れる。

＊1時間〜半日ほど漬けると臭みが抜け、仕上がりがしっとり。漬け込み過ぎは塩辛くなるのでご注意を。

2 1からマグロを取り出し、水でさっと洗い、キッチンペーパーで水気をとる。

3 別の保存袋にBを入れ、2のマグロを漬けたら、1〜2時間ほど冷蔵庫で休ませる。

4 鍋に500ml（分量外）の湯を沸かす。沸騰したら火を止め、同量500ml（分量外）の水を足す。3のマグロを保存袋ごと湯に沈める。

5 4をとろ火にかけ（約60℃の湯になるまで）、5分経ったら火を止める。粗熱がとれるまでそのまま放置する。

6 仕上がったらにんにくを袋から出して保存する。

ポイント

ツナはオイル漬けの保存袋のまま、冷蔵保存5〜7日、冷凍保存3週間が目安。

サラダ以外に、サンドウィッチ・パスタ・ピザの具などにも使い回せます。

旬サラダのおいしいひみつ

葉物サラダでいうと、おいしさの決め手は何より「水切り」です。まず先にちぎってから冷水につけると、水を吸い上げやすく葉がシャキッとします。食べやすい大きさにちぎって、一緒に合わせる素材もサイズを揃えると食感がよくなります。水切りはザルでは不十分で、サラダスピナーを使ってしっかり水気を飛ばします。せっかくの新鮮な野菜でも、水切り不足だと見た目もくったりして、水っぽくなり味もぼやけます。サラダスピナーは優れもので、水切りした野菜の保存容器にもなり、冷蔵庫に入れておくとシャキシャキの元気な状態で保ってくれます。うちの冷蔵庫には、水切り野菜をサラダスピナーごと常備しているので、おかげで忙しい日でも、さっとおいしいサラダが一品できて助かっています。

彩りもおいしさの要で、サラダには色の濃い食材をアクセントに混ぜています。たとえば葉物では、緑1色だと淡泊ですが、赤や紫色など色味のある葉をミックスすると立体感が出て、味にも奥行きがでます。味つけは大きめのボウルに葉野菜を入れ、食べる直前にドレッシングを回しかけて、ふんわりと和えます。

仕上げに、フレッシュなミントをほんの数枚ちぎって加えてみたり、柑橘の皮やチーズを削りかけたり。口に入れたときの香りや食感をイメージして、ほんの少し驚きをしのばせたりするのも、サラダの楽しい試みです。単純なことばかりですが意識してつくると、美しくおいしいサラダに近づきます。

（芒種）

とうもろこしのクルトン入りポタージュ

☞ P.56

産直市場にとうもろこしが出回る間に、
何度もつくるスープです。
とうもろこしの甘い実に、芯からとった出汁を活かして。
カリッと香ばしいクルトンを添えると、
楽しいアクセントになります。

クルトン

☞ P.57

クルトンは、少し時間が経って
乾燥したパンのおいしい使い道。
香ばしく歯触りよく、スープやサラダに
入れると格上げしてくれます。

ホタテと和香草のサラダ

☞ P.57

ホタテに青紫蘇の香りを効かせ、
緑野菜をどっさり和えた爽やかな一品。
オリーブオイルに柚子こしょうを
しのばせたソースは魚介にピッタリです。

☞ P.58

（夏至）

チキンとカシューナッツのカレー

みんなが大好きなカレーは、体の芯から和む辛味が好評レシピ。
そのおいしさは鶏肉の旨味だけでなく、
組み合わせたナッツやスパイスの力があればこそ。
おいしいパンをお供につければ、おかわり必須です！

トマトと枝豆の煎り酒マリネ

☞ P.59

素材のおいしさを引き立てる、
塩気と酸味まろやかな煎り酒が絶妙。

きゅうりのディルマリネ

☞ P.59

歯応えのいいきゅうりに、
エスニックな味わいが食欲をそそります。

とうもろこしのクルトン入りポタージュ

材料（2〜3人分）

とうもろこし（実）
　　…2本分（正味300g）

玉ねぎ…1/2個

オリーブオイル…大さじ1

牛乳…50〜100ml

塩・黒こしょう…各適量

クルトン（右ページ）…適量

準備すること

とうもろこしの実を包丁で外す。芯は水500mlと鍋に入れ、15分ほど煮て出汁をとる。

1 玉ねぎは繊維を断つ方向に薄切り。鍋にオリーブオイルを入れ玉ねぎを炒める。透き通ったらとうもろこしと塩少々を加えて炒める。

2 1に芯でとった出汁300ml（足りなければ水を足して300mlに調整）を加え、蓋をして20分ほど煮る。

3 粗熱がとれたらミキサーかフードプロセッサーで攪拌し、ザルで丁寧にこす。

4 3を鍋で温め、牛乳で好みの濃度までのばし、塩で味を整える。器に注ぎ黒こしょう、クルトン、好みで刻んだパセリをのせる。

クルトン

材料（つくりやすい分量）

パン（なんでも）… 1 カップ
＊少し固くなったパンを使って

A オリーブオイル…大さじ 1

　有塩バター（溶かす）
　　…大さじ 1

　パルメザンチーズ
　　…大さじ 1

　パセリ（刻む）…適量

ポイント

甘いクルトンにする場合

A のパルメザンチーズ・パセリ
を、メープルシロップ・きび砂
糖（各大さじ 1）に換える。

1 パンをサイコロ状にカット。
ボウルに **A** を合わせ、パ
ンにからめる。

2 180℃のオーブンで 13〜
15 分焼く。焼き上がった
ら冷めるまでオーブン庫内
で放置する。

ホタテと和香草のサラダ

材料（2〜3 人分）

ホタテ（刺身用）
　　…3〜4 個（約 100g）

水菜・三つ葉…各 1/2 束

青紫蘇…5〜8 枚

炒りごま…適量

A ドレッシング

　オリーブオイル…大さじ 2

　しょうゆ…小さじ 1/2

　レモン果汁…小さじ 1/2

　柚子こしょう…少々

　きび砂糖…ひとつまみ

1 水菜、三つ葉は食べ
やすくざく切り、青紫蘇
は千切りに。ホタテは厚み
があれば横半分に切って、
熱湯に 10 秒入れて湯引き
し、氷水にとって水気を切
る。

2 **1** を器に盛り合わせ、ご
まをたっぷりふる。**A** を
合わせて、食べる直前に
好みの量かける。

チキンとカシューナッツのカレー

材料（3～4人分）

鶏もも肉…200g

玉ねぎ（粗みじん切り）
　…大1個（250～300g）

パプリカ（小さめの乱切り）
　…1/2個

太白ごま油…大さじ1

A トマト缶（ホール）…1缶
　│ カシューナッツ…50g

B にんにく（みじん切り）
　│ 　…1かけ
　│ しょうが（みじん切り）
　│ 　…大さじ1 1/2（15g）
　│ クミンシード…小さじ1

C カレー粉…大さじ1
　│ 塩…小さじ3/4

D 無塩バター…20g
　│ ガラムマサラ…小さじ1
　│ きび砂糖…小さじ1

1 鶏もも肉は一口大に切り、塩・黒こしょう（分量外）をする。パプリカはさっと炒めておく。

2 Aをミキサーかフードプロセッサーで攪拌する。

3 鍋に太白ごま油を熱し、1の鶏肉を入れて焼き色がついたら肉を一旦取り出す。

4 3の鍋に太白ごま油（分量外）を少し足し入れ、Bを炒める。香りがでたら玉ねぎを加えてさらに炒め、きつね色になったら水300ml（分量外）を足す。蓋をして10分煮る。

5 Cを加えて5分煮たら2も入れて弱火で10分、焦げないように煮込む。

6 3で焼いた鶏肉と1の炒めパプリカを加え、Dも加えて軽く煮る。

ポイント

今回はパンと合わせるレシピなので、汁気少なめ。ごはんにかける場合は、水分を足してスープをのばして。

トマトと枝豆の煎り酒マリネ

1 ゆでた枝豆は房から豆を取り出す。紫玉ねぎのみじん切りは水にさらして水気を絞る。

2 全材料をボウルに入れ、煎り酒・ごま油を合わせて和える。

材料（作りやすい分量）

ミニトマト（半分に切る）
　…10〜15個

紫玉ねぎ（みじん切り）
　…1/8個（約15g）

枝豆（ゆでる）
　…豆だけで正味50g

煎り酒・深煎りごま油
　…各大さじ1

ポイント

煎り酒について

①「煎り酒」は日本酒、梅干し、かつお節でつくられた伝統調味料です。しょうゆより塩味がマイルドで、かつお出汁の旨味と梅の酸味がいい塩梅で、味つけが決まりやすいです。

②しょうゆ代わりに卵かけごはんやお刺身に使ったり、オリーブオイルと合わせてカルパッチョ、マリネにも。和洋の料理に使い勝手のいい万能調味料です。

きゅうりのディルマリネ

材料（作りやすい分量）

きゅうり…2本

ピーナッツ…15g

ディル…適量

A エスニックマリネ液
　｜　オリーブオイル…大さじ2
　｜　ナンプラー・レモン果汁
　｜　　…各大さじ1
　｜　きび砂糖…小さじ1
　｜　唐辛子（輪切り）
　｜　　…1/2本分
　｜　にんにく（みじん切り）
　｜　　…1/2かけ

1 きゅうりはスライサーで輪切りし、塩もみして水気をよく絞る。**A**を混ぜ合わせ、ピーナッツは細かく砕く。

2 ボウルにきゅうりとピーナッツ、**A**、ディルを入れて和える。

＊マリネ液は好みの分量で、味見しながら調味して。

（小暑）

ローズマリーのフォカッチャ

☞ P.62

大きな一枚生地のフォカッチャは、気負わずつくれて、おもてなしウケ抜群！
焼き上がりのふわふわ生地は感動が大きく、
テーブルで切り分けていると、みんなウキウキしてきます。
トッピングがシンプルゆえに、酒肴にも食事にもよく合います。

夏野菜のカポナータ

☞ P.63

夏野菜がとろんと絡んだトマトソースは
「お肉なしでこの旨味？」と驚かれる一品です。
野菜のグリルはオーブンまかせで、キッチン作業も楽に。
つくり置きできる、夏のおいしい常備菜です。

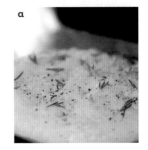

こね生地のパターン

ローズマリーのフォカッチャ

材料（直径25cm 1枚）

A 強力粉…200g

　 きび砂糖…10g

　 塩…3g

B 生種（☞ P.7参照）…16g

　 水…120g

　 ＊使う粉・季節で調整する場合は
　 110〜130g

　 オリーブオイル…20g

オリーブオイル…適量

パルミジャーノ…適量

塩・黒こしょう…各少々

ローズマリー（生・ドライでも）
　 …適量

1 AとBを合わせて生地を
つくる。（☞ P.36〜37手順**1**〜
8を参照）。

[一次発酵の終了]

2 生地を台に出し、両手
を使って軽く押さえて、
丸める。

3 ぬれ布巾をかぶせ、10
〜15分休ませる。

[ベンチタイム]

4 成形。めん棒を使って
楕円形にのばし、形を
つくる。

①めん棒は生地の中心か
ら、上下、左右と当てる。

②大まかに大きくのばしたら
オーブンシートにのせる。

③もう一度めん棒で形を整
え、シートごと天板へ移す。

＊めん棒は当て過ぎると生地が痛んで
しまうので注意。

5 軽く湿らせた布巾をか
ぶせ、暖かい場所で
60分休ませる。

[二次発酵]

＊オーブン発酵機能は35℃ 60分目安。

＊約2倍の大きさになったら発酵完了。

6 生地にオリーブオイルを
垂らして全体にのばし、
指で穴を開ける（下図）。

a

7 パルミジャーノを削りかけ、
塩・黒こしょうをふり、ロー
ズマリーを散らす[a]。

8 220℃に予熱したオーブ
ンで、12〜14分焼く。

＊（焼きムラ防止で）10分ほど経ったら
天板の向きを変える。

夏野菜のカポナータ

温泉卵を
のっけても！

材料（3〜4人分）

A なす…2本

　 パプリカ…1/2個

　 ズッキーニ…1本

　 人参…1/2本

トマトソース

　 トマト缶（ホール）…1缶

　 玉ねぎ（粗みじん切り）
　　 …1/2個

　 オリーブオイル…大さじ3

　 にんにく（みじん切り）
　　 …1かけ

　 アンチョビ（みじん切り）
　　 …20g

　 クルミ…10g

　 きび砂糖…大さじ1・1/2

　 バルサミコ酢…大さじ1

準備すること

クルミはロースト（または乾煎り）して砕く。

オーブンの天板にオーブンシートを敷く。

1 トマトソースをつくる。鍋にオリーブオイルを熱し、にんにく、アンチョビを炒める。玉ねぎも加えて透き通るまで炒めたら、トマトを入れて弱火で15分ほど煮る。クルミ、きび砂糖、バルサミコ酢を加え、さらに5分ほど煮詰める。

2 Aの野菜を大きめの角切りにしてボウルに入れ、全体に油がまわるよう多めのオリーブオイル（分量外）で和える。

3 オーブンの天板に2の野菜を並べ、軽く塩（分量外）をふり、200℃で20分焼く。

4 3を1のトマトソースと和える。味見して、必要なら塩・きび砂糖（分量外）で調える。

ポイント

出来たてより、半日〜1日冷蔵庫で休ませると旨味が増。多めにつくり置くと重宝。

柑橘の皮の千切りをトッピングすると爽やかに。

サンドウィッチやパスタの具にしても。

珈琲ゼリー

☞ P.66

（大暑）

冷たいぷるぷるデザート

暑い時期は焼き菓子はひと休み。
冷たく喉ごしのいいデザートを楽しみます。
喫茶で人気の2トップは、香り高い大人の珈琲ゼリーに、
白玉粉と生クリームの入ったもっちりリッチな杏仁豆腐。
ぷるるんとした口通りに、ほっと和みます。

フルーツ杏仁豆腐
☞ P.67

珈琲ゼリー

材料（3〜4人分）

珈琲の粉（深煎り）… 70g

A　グラニュー糖… 60g
｜　アガー… 14g

生クリーム… 100ml

準備すること

生クリームにグラニュー糖（10g、分量外）を加え、泡立て器でゆるくホイップして、クリームをつくる。

1 ボウルにAを入れ、しっかり混ぜ合わせる。

2 珈琲を600mlまでドリップして淹れ、すぐに1のAをスプーン1杯加えてよくかき混ぜる。
＊一気に入れるとダマになりやすいので分けて入れる。

3 残りのAも珈琲が熱いうちに入れ、手早く溶かす。
＊溶け残りのないように注意して。

4 3を保存容器に入れ、粗熱がとれたら、冷蔵庫で2〜3時間しっかり冷やし固める。

5 冷えたらスプーンですくって器に盛り、生クリーム（またはバニラアイスクリームでも）を添える。

ポイント

固めに使う「アガー」のこと

海藻由来のもので、美容・健康面でも好まれますが、何より透明感のある美しい仕上がりが特長です。つるんとなめらかな食感も格別で、ゼリーやプリン、杏仁豆腐におすすめです。

フルーツ杏仁豆腐

材料（3～4人分）

A 杏仁霜…20g
アガー…15g
グラニュー糖…40g
牛乳…250ml
B 白玉粉…20g
牛乳…120ml
生クリーム…100ml
キウイとレモンのソース（右記）
…好きなだけ

1 鍋に**B**を入れて泡立て器でよくかき混ぜたら、火にかけてからも、手を止めずに混ぜながら温める。すくってみてトロリと柔らかくなってきたら火を止める。

2 別鍋に**A**を入れ、先に泡立て器でしっかり混ぜ合わせた後、牛乳を注いでさらに混ぜ、火にかける。混ぜる手を止めずに温め、鍋のふちがフツフツとしてきたら一旦火を止める。

3 **1**を**2**へ入れ、弱火で2～3分じっくり温める。鍋底が焦げないようにゴムベラを使って時々混ぜる。

4 生クリームを加え、均一になるまで混ぜたら火を止める。ザルでこし、保存容器に入れる。

5 粗熱がとれたら、冷蔵庫で2～3時間しっかり冷やし固める。

6 冷えたらスプーンですくって器に盛り、キウイとレモンのソースをかける。

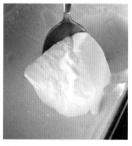

ポイント
白玉粉と牛乳の火入れをしっかりすると、粉っぽさがなくなり弾力のある杏仁豆腐ができます。

キウイとレモンのソース

材料（つくりやすい分量）
キウイ…1/2個
レモン（ノンワックス）…1/4個
A レモン果汁…小さじ2
水…150ml
グラニュー糖…40g

1 キウイは皮をむき、レモンは皮つきで、それぞれ縦8等分して薄切りにする。

2 **1**のレモンと**A**を鍋に入れ、火にかける。

3 弱火で4～5分加熱したら、**1**のキウイも入れて火を止める。

ポイント
余ったらヨーグルトやアイスクリームにかけても。

秋のパンテーブル

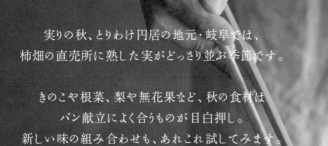

実りの秋、とりわけ円居の地元・岐阜では、
柿畑の直売所に熟した実がどっさり並ぶ季節です。

きのこや根菜、梨や無花果など、秋の食材は
パン献立によく合うものが目白押し。
新しい味の組み合わせも、あれこれ試してみます。

秋風が吹くと、がぜん粉物が恋しくなるものです。
暑さ寒さが入り交じる時期でもあり
パンづくりは仕込み水の温度に少し心配りを。
新感覚のふわふわ酵母ドーナッツなど
一度食べると虜になるレシピが揃っています。

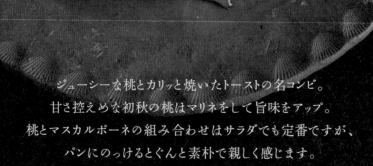

（立秋）

桃のマスカルポーネトースト

☞ P.76

ジューシーな桃とカリッと焼いたトーストの名コンビ。
甘さ控えめな初秋の桃はマリネをして旨味をアップ。
桃とマスカルポーネの組み合わせはサラダでも定番ですが、
パンにのっけるとぐんと素朴で親しく感じます。

無花果のごまあんトースト

☞ P.76

無花果のみずみずしさ、あんこのコク、ごまの香り。
3つの味が重なって、口に運ぶとほっこり調和します。
おやつはもちろん、朝ごはんにもおすすめ。
仕上げのすりごまは、どっさりかけると香味が際立ちます。

アボカドのペースト

☞ P.77

隠し味にナンプラーを使った
エスニックなアボカドは、混ぜるだけで完成。
もう一品欲しいときにさっとつくれて重宝です。

枝豆とクリームチーズのペースト

☞ P.77

ゆで枝豆とチーズは好相性。
あまりにおいしくなるので、味見しながら、
つい食べ尽くしそうな危険も。
変色しにくいのでつくり置いて、
サンドウィッチの具や
野菜のディップにしても
おいしい。

梨マスカットとモッツァレラのすだちマリネ

わたしの大好きな秋のフルーツマリネです。
切って和えるだけの手軽さですが
和梨とマスカットの甘味にさっぱりしたすだち果汁が
このうえなく調和します。

☞ P.78

（白露）

ココナッツグラノーラ

ココナッツの風味豊かな、やみつき食感のグラノーラ。
材料を揃えたら、あっという間につくれます。
たくさん材料を使うのが大変そうに思えるときは
自分の好みで種類を絞っても。あれこれアレンジできます。

グラノーラサラダ

☞ P.79

旬の野菜や果物たっぷりのサラダには
グラノーラをアクセントに。
栄養満点で、いろいろな食感も楽しめる
贅沢サラダです。

桃のマスカルポーネトースト

材料（2人分）

桃…1個

マスカルポーネ…適量

食パン（好みのパンでも）…2枚

スライスアーモンド・ミント
　…各適量

はちみつ…好きなだけ

準備すること

甘味が薄い桃は、きび砂糖
（桃1個に砂糖小さじ1目安）、ミント、
レモン果汁と30分ほどマリネ
する **[a]**。

1 桃はくし切りで8等分にする。

2 食パンを好みの加減にトーストして、マスカルポーネを塗る。

3 **2**に桃をのせ、スライスアーモンド、ミントを散らし、はちみつをかける。

無花果のごまあんトースト

材料（2人分）

無花果…1～2個

練りごまバター（右記）…適量

食パン（好みのパンでも）…2枚

あんこ（市販）…適量

すりごま…適量

1 無花果は皮のまま輪切りにする。

2 食パンを好みの加減にトーストして、練りごまバターを塗る。

3 **2**にあんこ、無花果をのせる。仕上げに、すりごまをたっぷりかける。

練りごまバター

材料（つくりやすい分量）

練りごま…50g

無塩バター（室温に戻す）
　…100g

塩…ひとつまみ

1 全ての材料をボウルに入れて、ゴムベラでよく混ぜ合わせる。

アボカドのペースト

1 玉ねぎは水にさらし、水気をしっかり絞る。

2 アボカドは種を除き、ボウルに実を入れてマッシャーやスプーンの背で潰してなめらかにする [b]。

3 2のアボカドに1の玉ねぎを加え、Aで和える。

ポイント

ボイル海老やミニトマト、スモークサーモン、ディルと合わせてオープンサンドにしても。

材料（つくりやすい分量）

アボカド…1個

玉ねぎ（みじん切り）…40g

A ナンプラー・レモン果汁
　 …各小さじ2

枝豆とクリームチーズのペースト

材料（つくりやすい分量）

A 枝豆（ゆでる）…正味100g

　 クリームチーズ…70g

　 レモン果汁…小さじ1/2

　 塩・黒こしょう…各少々

準備すること

枝豆は10分ほど塩ゆでする。ペースト用なので柔らかめにゆで上げる。飾り用に数粒を取り置く。

1 Aをフードプロセッサーで攪拌する [c]。

2 パンに1のペーストを塗り、飾り用の枝豆の粒をのっける。好みで刻んだ小ねぎ、黒こしょうを散らしても。

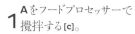

ポイント

ポテトサラダやコロッケの具に混ぜ合わせても美味。

ココナッツグラノーラ

材料（つくりやすい分量）

A オートミール…250g
　ココナッツファイン…50g
　全粒粉…20g
　ひまわりの種…50g
　カボチャの種…30g
　木の実（クルミなど好みのもの）
　　…50g
　塩…ひとつまみ

B 太白ごま油…100g
　無調整豆乳…50g
　メープルシロップ
　　（はちみつでも）…40g
　砂糖…20g
　＊ブラウンシュガー、黒糖などコクの
　　ある甘味がおすすめ

1 ボウルにAを入れ、ゴムベラでざっくり混ぜ合わせる。

2 別ボウルに、Bの太白ごま油と豆乳を泡立て器でもったりするまでよく混ぜて、メープルシロップ、砂糖を合わせてさらに混ぜる。

3 2に1を加え、ゴムベラでしっかり混ぜたら、オーブンシートを敷いた天板にまんべんなく広げる。

4 オーブンを170℃に予熱して、15分焼く。

5 一度木ベラで全体をほぐし、さらに15分焼く。

6 焼き上がりは30分ほどオーブン庫内で休ませてから取り出すと、乾燥してサクサクに。

ポイント

完全に冷めてから密閉容器に入れて。常温保存で1週間ほど。

冷凍保存なら4週間ほど。暑い時期には、解凍せずに凍ったまま食べるのもオツ。

材料Bの太白ごま油をココナッツオイルに換えると、香り高いグラノーラに。

グラノーラサラダ

材料（つくりやすい分量）

グラノーラ（左ページ）
…好きなだけ

野菜・フルーツ（好きなもの）
…各適量

A ヨーグルトドレッシング

　ヨーグルト（無糖）…50g

　オリーブオイル…大さじ 2

　はちみつ…大さじ 1

　レモン果汁…小さじ 1/2

1 器に野菜・フルーツ、グラノーラを彩りよく盛り合わせる。

2 Aを混ぜ合わせ、**1**を食べる直前に、好みの量かける。

梨マスカットとモッツァレラのすだちマリネ

材料（2〜3人分）

梨…1/2個

マスカット…10粒

モッツァレラ…50g（1/2パック）

A オリーブオイル…大さじ 1

　すだち果汁…1個分

　ミント（ちぎる）…適量

　塩・黒こしょう…各少々

1 梨は一口大に、マスカットは半分に切る。モッツァレラは食べやすくちぎる。

2 **1**をボウルに入れ、**A**で和える。器に盛りつけ、好みですだちの皮を削りかけても。

酵母ドーナッツ

☞ P.82

シュガードーナッツ
☞ P.84

きな粉ドーナッツ
☞ P.84

はちみつレモンドーナッツ
☞ P.85

プレーンのドーナッツに粉糖やきな粉をまぶしたり
チョコレートやはちみつレモンをかけたり。
そのときの気分でトッピングをあれこれ楽しんで。

円居ならではの酵母生地ドーナッツは店の大の人気もの。
ふわっふわの軽やかな食感で、やさしい甘味が口いっぱいに広がります。
とくに揚げたてのおいしさったら、感動もので誰もが虜に。
家おやつだからこその、幸せな味だと思います。

チョコドーナッツ
☞ P.84

こね生地のパターン

酵母ドーナッツ

材料（直径9cm 6個分）

A 強力粉…140g

　薄力粉…60g

　砂糖…30g
　　*ブラウンシュガーや黒糖などコクの
　　ある甘味がおすすめ

　塩…3g

B 卵黄…1個分

　無調整豆乳…40g

　水＋（上記の卵黄＋豆乳）
　　…110g
　　*計量カップに卵黄1個＋豆乳
　　40gを入れ、110gになるまで水を
　　足す

　太白ごま油…25g

　生種（☞P.7参照）…20g

準備すること

揚げる際にドーナッツ生地を
のせるオーブンシートをカットす
る（約10×10cmの正方形）。

生地に弾力があるので、
こねをより力強く

1 AとBを合わせて生地を
つくる（☞P.36〜37手順1〜8
を参照）。
*Bの材料に卵黄や豆乳が入ってい
るのでしっかりこねる。

[一次発酵の終了]

2 生地を台に出し、スケッ
パーを使って6等分に
する[a]。

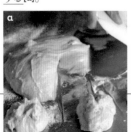

3 生地を手のひらで軽く
押さえて、打ち粉をしな
がら丸める[b-c]。
*丸め方は小月パン（☞P.19手順9）
の図と同様。

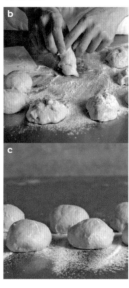

4 ぬれ布巾をかけ、10〜
15分休ませる。
[ベンチタイム]
*休ませると生地がゆるみ、次の成形
で扱いやすくなる。

5 成形する。
①生地を四角に、平た
くめん棒でのばす[d]。
②手前からくるくる巻く[e]。
③巻き終わりの生地を指で
つまんでしっかりとじる[f]。

④とじ目を馴染ませるように、
コロコロ転がし棒状にのば
す[g]。
*両手の端から少し出るくらいの長さ
が目安。

⑤とじ目を上に、片方の端
を平らにする[h]。

⑥輪っかにして[i]つなげる
[j]。

⑦ひっくり返して輪の形を
整えたら、シートにのせる[k]。

くるくる均等に

指でつまんで

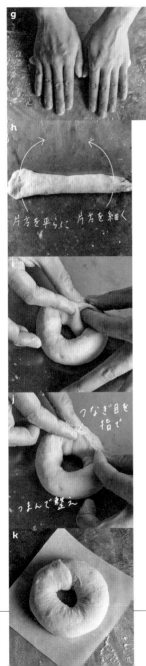

ころころ転がして

片方を平らに　片方を細く

つなぎ目を
指で

つまんで整え

油は新しいものを使って。酸化した古い油で揚げると油臭くなり、せっかくの風味が台なしに。

ドーナッツ揚げは温度が重要。高温で揚げると色づきが早くなり揚げ不足になるため、温度を測って揚げます。

一度にたくさん生地を入れると温度が下がるので、数個ずつに。

6 軽く湿らせたぬれ布巾をかぶせ、暖かい場所で60分ほど休ませる [l]。
[二次発酵]
＊オーブンの発酵機能なら、35℃前後で60分目安。
＊生地がひと回り大きくなったら発酵完了。

7 160℃の油で、表面2分→裏面2分揚げる。
①揚げ油に、シートごと生地をそっと入れる。表面を2分揚げる [m]。
＊シートが上についた状態でOK。
②シートごと返し、裏面を2分揚げる [n]。
＊油の中のシートを箸で取り外す。
③油をしっかり切って網にのせる。

8 好みにトッピングして仕上げる。
次項「シュガードーナッツ」「きな粉ドーナッツ」「チョコドーナッツ」「はちみつレモンドーナッツ」に続く。

中温で、
じっくり
じっくり

83

シュガードーナッツ

（6個分）

1 粉糖（大さじ4、グラニュー糖でも）を、ポリ袋に入れる。

2 粗熱がとれ、冷め切らないうちにドーナッツを1個ずつ袋に入れてまぶす [a]。

＊ポリ袋を使用すると少量で均等につくのでおすすめ。

袋をシャカシャカふって

きな粉ドーナッツ

（6個分）

1 粉糖（大さじ4）＋きな粉（小さじ1・1/2）を、ポリ袋に入れる。

2 シュガードーナッツと同様に。揚げたドーナッツを1個ずつ袋に入れてまぶす [b]。

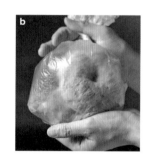

チョコドーナッツ

（6個分）

1 ボウルに製菓用チョコレート（100g目安）を35℃前後の低めの湯煎で溶かす。

2 粗熱がとれたドーナッツの片面を、1のチョコレートにひたす [c]。

はちみつレモンドーナッツ

（6個分）

1 ボウルに、はちみつレモン蜜をつくる。粉糖50g、レモン果汁小さじ1をボウルに合わせ、湯煎で溶かす。

2 **1**に、溶かした無塩バター15g、はちみつ5gを加え、なめらかになるまで混ぜる。

＊固めならレモン果汁を加えて調整して。

3 粗熱がとれたドーナッツの片面を、**2**のはちみつレモン蜜にひたす [d]。

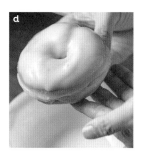

d

☞ P.88

（寒露）

ミルクティーフレンチトーストとキャラメル林檎

紅茶風味のフレンチトーストに、キャラメルソテーした林檎の
甘酸っぱさが加わると味に変化がついて、最後までおいしく頂けます。
寝ぼけ眼の朝でも、オーブン任せで手間なく焼けて
一日のはじまりの食卓が華やぎますよ。

林檎ベーコンのオープンサンド

☞ P.89

思い立ったらすぐにできる秋サンドの定番です。
林檎の爽やかな甘さとサクサクの食感に、
ベーコンの旨味とコクの重なりが絶妙にマッチ。
林檎とベーコンの切り方はサイコロ状にすると食べ心地がよいです。

ミルクティーフレンチトーストとキャラメル林檎

1 ボウルに卵を溶きほぐし、白身をしっかり切る。ミルクティーとグラニュー糖を加えてよく混ぜる。

2 バットにパンを並べ、**1**を流し入れてひたす。30分〜一晩漬けるとよい。

3 天板にオーブンシートを敷き、**2**のパンを並べ、バターをのせ、きび砂糖（分量外）をまぶす [a]。

4 200℃に予熱したオーブンで、15分ほど焼く。

5 焼き上がったら、器に盛り、クリーム、キャラメル林檎を添える。

材料（2〜3人分）

小さめの食パン（ ☞P.38、好みのパンでも）…2〜3枚分

卵…1個

ミルクティー…100ml
＊通常より濃いめに淹れて冷ましておく

グラニュー糖…大さじ1

有塩バター（小さめの角切り）…10g

キャラメル林檎（右ページ）…適量

生クリーム…100ml

準備すること

生クリームにグラニュー糖（10g、分量外）を加え、泡立て器でゆるくホイップして、クリームをつくる。

パンの表面にフォークで穴を開け、卵液が中心まで染み込むようにする。

ポイント

朝食べたい場合は、前晩から卵液にひたして冷蔵庫へ入れておくと手間いらずです。

生クリームの代わりに、アイスクリームも合います。

キャラメル林檎

材料 (つくりやすい分量)

林檎（いちょう切り）…1/2個

水…大さじ1

グラニュー糖…大さじ2

無塩バター…5g（小さじ1程度）

レモン果汁…少々

1 フライパンに水、グラニュー糖を入れ、キャラメル色になるまで煮詰める。

2 1に林檎を加え、弱火で5分ほどソテーする。バターとレモン果汁を加え、ほどよく絡まったら火を止める。

林檎ベーコンのオープンサンド

材料 (1人分)

林檎（1cm角切り）…1/4個

ベーコン（1cm角切り）…80g

満月カンパーニュ（☞P.21、
　好みのパンでも）…1枚

無塩バター…5g（小さじ1程度）

パルミジャーノ…適量

黒こしょう…適量

1 フライパンを火にかけ、バターを溶かしてベーコンを炒める。林檎も加えて炒め、焼き色をつける。

2 パンをトーストして、1の林檎&ベーコンをのせる。

3 仕上げにパルミジャーノ、黒こしょうをたっぷりかけ、好みでローズマリーを添えても。

秋の夜長のパン酒肴

タコとマッシュルームのアヒージョ

☞ P.93

家族や友人と集まって、あれこれつまみながら呑みたい日には
パンによく合う、簡単おつまみがあれば気楽におもてなしができます。
つくり置きできるもの、ちょっと温めて出すもの。
どうやってつくるの? とよくレシピを聞かれる人気4品をご紹介。
お酒の席でなくても、サンドウィッチの具に使ったり
あともう一皿欲しいときのおかずにも、お役立ちですよ。

フルーツバター
☞ P.93

卵のディルアンチョビ
☞ P.92

ナスのディップ
☞ P.92

ナスのディップ

材料（つくりやすい分量）
ナス…2本
にんにく（みじん切り）…1かけ
オリーブオイル…大さじ1
レモン果汁…少々
塩・黒こしょう…各少々

ポイント
パンだけでなく肉や魚料理の
つけ合わせにも。

1 魚焼きグリルで皮つきのままのナスを丸ごと10〜15分ほど焼く。

2 熱いうちに皮をむいたら粗みじん切りにして、さらに包丁でたたく。

3 フライパンにオリーブオイルとにんにくを入れて火にかけ、香りがたったらナスを加え、水っぽさがなくなるまで炒める。

4 ナスがねっとりしてきたら塩・黒こしょう、レモン果汁で味を調える。

卵のディルアンチョビ

材料（つくりやすい分量）
ゆで卵…2個
A マヨネーズ…大さじ1
  アンチョビ（みじん切り）
    …1枚
  粒マスタード…小さじ 1/4
ディル…適量
黒こしょう…少々

ポイント
サンドウィッチの具にも。とくに
卵サンドにすると絶品です。

1 ゆで卵は、黄身と白身に分ける。

2 白身は粗みじん切りにして、黄身はAと合わせ、ペーストをつくる。

3 2の白身と黄身ペーストを和えたら、ディルをちぎって加える。黒こしょうで味を調える。

タコとマッシュルームのアヒージョ

材料 (2〜3人分)

タコ…80g

マッシュルーム
　…1パック (4〜5個)

ミニトマト…5〜8個

オリーブオイル…100ml

にんにく (みじん切り)…2かけ

鷹の爪…1本

ローズマリー…1枝

塩…小さじ 1/2

黒こしょう…少々

1 タコは一口大に切る。マッシュルームは石づきをとって、半分に切る。ミニトマトも半分に切る。鷹の爪は種をとって半分に切る。

2 厚手の鍋にオリーブオイル、にんにく、鷹の爪を入れて弱火にかける。ふつふつ煮立ってきたらマッシュルームとローズマリーを入れ、10分ほど加熱する。

3 タコとミニトマトを加えてさっと火を通し、塩・黒こしょうで味を調える。

フルーツバター

材料 (つくりやすい分量)

無塩バター…200g

ラム酒漬けドライフルーツ
　…100g

1 ラム酒に漬けたドライフルーツは、キッチンペーパーで水気をとる。

2 ボウルに柔らかくしたバター、ドライフルーツを入れ、ゴムベラで均等になるように混ぜ合わせる。

3 保存容器に詰めるかラップの上に出し、棒状に成形。冷蔵庫で2時間以上冷やし固める。

＊冷蔵保存で2週間ほど、冷凍保存で1ヶ月ほど。

冬のパンテーブル

白菜、ネギ、大根、ごぼう、カボチャ。
寒中の大地に育まれ、滋味をたくわえた冬の食材たち。
ポタージュや煮込み料理など、
シンプルな調理法でも、力強い旨味が引き出され
栄養たっぷりの一皿になります。

体の芯からあったまるメイン料理があれば
あとは素朴なパンに、こっくりしたチーズやバター、
果物ジャムでも添えれば十分に満ち足ります。

冬のパン、生地づくりはグッとのんびりモードに。
じっくりゆったりと発酵するので
焦らずおおらかに見守ってあげてください。

フォカッチャ2種

ココナッツペッパーのフォカッチャ
☞ P.100

夏の章でご紹介したフォカッチャ（☞P.60）と同じ生地をベースに、
食べやすい小ぶりサイズの丸形にして、具材を2種類アレンジしました。
1つはピンクペッパーの香りと彩りがアクセントの大人のフォカッチャ。
もう1つは、旬のきのこや根菜どっさりの野菜好きが喜ぶフォカッチャ。
好みや季節で具材を変えてもいいと思います。

実り野菜のフォカッチャ

☞ P.101

（小雪）

おやつサンド

さつま芋クリームの雪パンサンド

☞ P.102

98

ふんわり軽い食感の雪パン（☞P.32）に、
お店で人気の手づくりクリームをサンドしました。
素朴なさつま芋クリームには好相性の木の実のはちみつ漬けを重ねて。
ホワイトチョコとクリームチーズを混ぜたミルキーなラムレーズンクリームも
たっぷり盛りつけて。リッチなおやつに心浮き立ちます。

ラムレーズンクリームの珈琲パンサンド

☞ P.103

こね生地のパターン

フォカッチャの生地

材料（直径10cm 6個分）

A 強力粉…200g

きび砂糖…10g

塩…3g

B 生種（☞P.7参照）…16g

水…120g
*使う粉・季節で調整する場合は
110〜130g

オリーブオイル…20g

1 **A**と**B**を合わせて生地をつくる（☞P.36〜37手順**1〜8**を参照）。

[一次発酵の終了]

2 生地を台に出し、スケッパーで6等分し、手のひらで軽く押さえ、打ち粉をしながら丸める。
*丸め方は小月パン（☞P.19手順**9**）と同様。

3 ぬれ布巾をかぶせ、10〜15分休ませる。

[ベンチタイム]

4 成形。めん棒を生地の中心から外側に転がし、約8cmの円形にしてオーブンシートにのせる。

5 生地に軽く湿らせた布巾をかぶせ、暖かい場所で60分休ませる。

[二次発酵]
*オーブン発酵機能は35℃ 60分目安。

6 生地をベースに、トッピングして焼く。
*下記「ココナッツペッパーのフォカッチャ」「実り野菜のフォカッチャ」に続く。

ココナッツペッパーのフォカッチャ

（直径10cm 6個分）

1 フォカッチャ生地（上記手順**5**の続き）の中央に、オリーブオイルを少し（分量外）垂らして全体にのばし、指で穴をくぼませる（**下図**）。

焼くとふくらむため、
指で押しておく。
バランスよく4〜5カ所くらい。

2 小さめ角切り無塩バター30g前後（1個約5g×6個）、きび砂糖・塩・ココナッツファインを各適量のせ、ピンクペッパー適量を彩りよく散らす。

3 220℃に予熱したオーブンで、12〜14分焼く。
*（焼きムラ防止で）10分ほど経ったら天板の向きを変える。

実り野菜のフォカッチャ

材料（直径10cm 6個分）

フォカッチャの生地…左ページ

実り野菜のトッピング

好みのきのこ
　…今回はマイタケ1/2房

好みの根菜類
　…今回はさつま芋1/2本、
　蓮根1/3節、
　カボチャ1/8個

ミニトマト（半分に切る）…3個

紫蘇ペースト（右記）…適量

ホワイトソース（☞P.118）
　…適量

準備すること

今回の実り野菜のトッピング、きのこ・根菜類はさっと蒸しておく。

フォカッチャの生地をつくる合間に、トッピングとペースト・ソースを用意する。

1 フォカッチャ生地（左ページ手順5の続き）の中央に、オリーブオイルを少し（分量外）垂らして全体にのばし、指で穴をくぼませる（左ページの図と同じ）。

2 ホワイトソース、紫蘇ペーストの順に塗る。トッピングの実り野菜（きのこと根菜類）とミニトマトは、生地から落ちないようにやや押し込み気味にのせる。

3 オリーブオイル・塩少々（各分量外）をかける。

4 220℃に予熱したオーブンで、12〜14分焼く。

＊（焼きムラ防止で）10分ほど経ったら天板の向きを変える。

紫蘇ペースト

材料（つくりやすい分量）

青紫蘇…20〜25枚（約25g）

粉チーズ・カシューナッツ
　（好みの木の実でも）…各25g

オリーブオイル…50g

にんにく（すりおろし、好みで）
　…1/2かけ

塩…小さじ1/4強

黒こしょう…少々

1 全ての材料をフードプロセッサーで撹拌し、ペースト状にする。

＊青紫蘇をバジルに換えて、バジルペーストにしても◎。

さつま芋クリームの雪パンサンド

材料（2人分）

雪パン（☞P.32、好きなパンでも）
　…2個

さつま芋クリーム（右記）…適量

木の実のはちみつ漬け（右記）
　…適量

1 雪パンを横半分に切り、さつま芋クリームをたっぷりと塗る。

2 木の実のはちみつ漬けをトッピングしてはさむ。

さつま芋クリーム

材料（つくりやすい分量）

さつま芋（焼き芋にする）
　…正味200g

無塩バター…15g

牛乳…大さじ2〜3

きび砂糖・ラム酒…各大さじ1

塩…ひとつまみ

1 鍋に全材料を入れて火にかけ、ゴムベラで練る。

＊冷めると固くなるのでゆるめに仕上げて。

木の実の
はちみつ漬け

（つくりやすい分量）

1 好みの木の実（クルミ、カシューナッツ、アーモンドなど）を清潔な瓶に入れ、木の実が完全にひたるくらいのはちみつを加え、一晩以上漬ける。

＊素焼きのナッツでない場合は、フライパンで乾煎りして。

ポイント

2日〜1週間くらいで食べ切るのがベスト。

ドライフルーツ（レーズン）などを一緒に漬けても。ヨーグルトに入れたり、フレンチトースト、アイスクリームと一緒に。

ラムレーズンクリームの珈琲パンサンド

ポイント

珈琲パン・
仕込み珈琲のこと

深煎り豆（インスタントコーヒーでも）
で濃いめの珈琲を淹れ、レシ
ピ通り生種を混ぜ合わせる。

夏は濃いめに抽出したアイ
ス珈琲で、冬は熱い珈琲を
少し冷ましてから使います
（仕込み水の温度は ☞ P.8参照）。

生種
＋
珈琲

季節で珈琲の
温度を気づかって

材料（2人分）

珈琲パン（好きなパンでも）…2個
ラムレーズンクリーム（右記）
　　…適量

1 珈琲パンは、雪パンの仕込み水（☞ P.36）→珈琲
に置き換えてつくる。

2 珈琲パンを横半分に切り、ラムレーズンクリームを
たっぷりと塗ってはさむ。

ラムレーズン
クリーム

材料（つくりやすい分量）

ラム酒漬けレーズン…40g
クリームチーズ…200g
ホワイトチョコレート（製菓用）
　　…50g

1 柔らかくしたクリームチーズに、湯煎して溶かし
たホワイトチョコレートを合わせ、泡立て器で混ぜる。

2 1にラム酒漬けレーズンを加え、よく混ぜて完成。

（大雪）

ローストポークとマッシュポテトのオープンサンド

☞ P.106

お肉のジューシーさにみんなが驚く特製ローストポークを使って。
口当たりなめらかなマッシュポテトとパンとの一体感に感激するサンドです。
ローストポークはオードブルにしても格別の美味です。
難しく思われがちですが、じつは下味に漬け込んで焼くだけ、
とレシピ難度は低め。おそれずにチャレンジを。

柿と蕪の柚子マリネ

☞ P.107

地元・岐阜は柿の名産地で、菓子だけでなく惣菜にもよく使います。
なかでも甘い柿とさっぱり蕪をまろやかな柚子果汁でまとめるこのマリネは
何でもないけれど体と心がやすらぐ、わたしの最愛レシピです。

ローストポークとマッシュポテトのオープンサンド

ローストポーク

材料（1人分）

満月カンパーニュ（☞P.17、
　好みのパンでも）…1枚

ローストポーク（右記）…適量

マッシュポテト（右ページ）…適量

好みのトッピング野菜…適量
＊今回はミニトマト・ベビーリーフ

ソース
| しょうゆ…大さじ1
| みりん…大さじ2
| 粒マスタード…小さじ1/4

1 ソースをつくる。みりんは
耐熱容器に入れてレンジで1分加熱した後、しょうゆ、粒マスタードと混ぜ合わせる。

2 パンを好みにトーストして、
マッシュポテトを塗り、スライスしたローストポーク、トッピングの野菜の順にのせる。

3 食べる前に、ソースと黒
こしょう適量（分量外）をかける。

材料（つくりやすい分量）

豚肩ロース塊…300〜500g

A 水…200ml
　きび砂糖・塩…各10g
　黒こしょう…適量
　にんにく（潰す）…1かけ
　ローリエ…1枚

1 豚肩ロースを**A**に漬け、
約1日冷蔵庫に置いて下味をつける。

2 **1**の肉をザルに上げ、
水気を切って常温に戻す（30〜40分程度）。

3 天板にアルミホイルを敷
き、肉をのせて表面にオリーブオイル（分量外）を塗る。

4 120℃に予熱したオーブ
ンで、80〜90分焼く。

5 焼き上がったら、天板
に敷いたアルミホイルを使って肉をぴっちり包み、30分ほど置いたら完成。

＊肉の一番厚みのある部分を竹串で刺し、出てくる肉汁の色が透明なら中まで火が通っている証。肉汁が赤ければさらに加熱して。

柿と蕪の柚子マリネ

材料（2〜3人分）

柿…1個

蕪（葉つき）…1個

柚子果汁…大さじ$1/2$〜1

オリーブオイル…大さじ1

塩・黒こしょう…各少々

準備すること

柚子（1個分）の果汁を搾って
おく。

1 柿は薄切りに、蕪はスラ
イサーで薄くスライス。蕪、
みじん切りした蕪の葉は、
塩（分量外）をふって、塩もみ
にして水気を切る。

2 ボウルで柚子果汁とオリ
ーブオイルを混ぜ合わ
せ、**1**を和え、塩・黒こしょう
で味を調える。仕上げに
刻んだ柚子の皮を散らして
も。

マッシュポテト

材料（つくりやすい分量）

じゃが芋…3個

A 無塩バター…10g

牛乳…50〜80ml
＊じゃが芋の水分量によって量を
調節

生クリーム…50ml

塩・白こしょう…各少々

1 じゃが芋の皮をむき、水
からゆでる。

2 柔らかくなったら一度ザ
ルに上げ、鍋に戻して
粉ふき芋にする。

3 **2**をマッシャーで潰して**A**
を加え、ゴムベラで練る。
弱火にかけ、塩・白こしょう
で味を調える。

ころころキューブの姿が愛らしいスコーンは、
強力粉でつくるパン屋のレシピです。
表面はざっくり、中はふんわり＆しっとり。
バターが入らず、酵母のパワーで発酵したもので
粉自体のやさしい旨味が楽しめます。

酵母スコーン

☞ P.114

カボチャの豆乳スパイススープ

☞ P.116

ほっくり冬カボチャは、豆乳ベースのスープに
スパイシーなアクセントをほんのり効かせて。
素朴なスコーンやパンによく合います。

根菜クロックムッシュ

☞ P.117

肌寒くなると、恋しがる人続出の「円居のクロックムッシュ」。
特徴は、バルサミコ酢でソテーしたごぼうと蓮根の滋味深さ。
とろ～りとろけるチーズと絡んだ味わいは、後を引くおいしさです。
お肉なしなのに食べごたえ満点。あつあつを頬ばって。

春菊と香菜のエスニックサラダ

☞ P.118

こっくりボリュームのあるクロックムッシュには
香り豊かな冬野菜たっぷりのグリーンサラダでお腹を調えます。
エスニック風味のマリネ液は個性派の野菜に合います。

☞ P.119

（大寒）

白菜とカシューナッツのポタージュ

冬が旬の白菜を主役に、カシューナッツと牛乳のコクをプラス。
もっと具を足すこともできますが、潔くシンプルに徹することで
白菜のやさしい滋味がぐんと際立ってきます。
寒く忙しい日々の胃腸を、癒やしてくれるスープです。

蒸籠パン＆ミルクチーズクリーム

☞ P.120

パンを蒸籠で温めると、もちもち食感がアップして
トーストで焼くのとは別のおいしさに。
湯気をはらむパンの香りが心も体もじんわり温めてくれます。
おやつや夜食の蒸しパンには、甘いクリームを添えて。

酵母スコーン

材料（約6個分）

A 強力粉…150g
　　薄力粉…75g
　　全粒粉…75g
　　塩…1g

B 太白ごま油…75g
　　無調整豆乳…90g
　　きび砂糖（好みの砂糖でも）
　　　…30g
　　生種（☞P.7参照）…25g

1 ボウルに**A**を入れ、泡立て器で混ぜる。

2 別ボウルに**B**の材料を上から順に1つずつ入れ、そのつど泡立て器でもったりするまでよく混ぜ合わせる。

3 **2**のボウルに**1**を入れ、ゴムベラを使って混ぜ合わせる。切るように混ぜて、生地をひとまとめにする。

4 長方形に成形する。
①台にラップを敷き、生地を置く。
②スケッパーを使って半分に切ったら[a]、重ねて[b]、両手で押さえる[c]。
③また半分に切って[d]、重ねて、押さえる。
④③と同様に、切って、重ねて、押さえて、をもう1回。

「切って、重ねて、
　　押さえて」を
　合計3セット！

⑤生地の縁まわりをスケッパーで整える[e]。

⑥めん棒を使い、厚み3cm目安に均等にのばし、長方形にする[f]。

5 生地をぴっちりラップで包み[g]、保存袋に入れ、冷蔵庫に置く。1〜4日ほど冷蔵発酵させる。
＊冷蔵庫でも生地の酵母菌は生きているので、ゆっくりゆっくり発酵が進んでいく。

6 5の生地は1〜4日目の好きなタイミングで冷蔵庫から出し、包丁で6等分して、サイコロ状にカットする。

7 オーブンシートを敷いた天板にのせる。

8 220℃に予熱したオーブンで、20分焼く。

ポイント

スコーンは古くなった酵母をおいしく使うのに向いています。

生地を冷蔵発酵させる時間で食感が変わってきます。1日目はザクザク、4日目の生地はふんわりしっとり。円居好みは3〜4日目です。

チョコレートやレーズンを生地に混ぜて、甘味のあるスコーンにしても。

カボチャの豆乳スパイススープ

材料 (3～4人分)

鶏もも肉 (一口大に切る)
　　…100g

カボチャ (一口大に切る)
　　…100g ($\frac{1}{12}$個)

玉ねぎ (くし切り)…$\frac{1}{2}$個

オリーブオイル…小さじ1

クミンシード…小さじ$\frac{1}{2}$

ミックスビーンズ…50g

カレー粉…大さじ1

野菜ブイヨン (市販)…1袋 (5g)
＊「オーサワの野菜ブイヨン」を使用

無調整豆乳…150ml

A　ナンプラー…小さじ1
　│　きび砂糖…小さじ$\frac{1}{2}$
　│　塩・黒こしょう…各少々

1 鍋にオリーブオイルを入れ、クミンシードを熱して香りが立ったら鶏もも肉を焼く。

2 玉ねぎを加えて炒め、透き通ってきたらカレー粉を入れる。

3 水400ml (分量外) と野菜ブイヨン、カボチャを加えて蓋をして10分ほど、途中アクを取りながら煮る。

4 豆乳、ミックスビーンズを加えて弱火にかけ、A で味を整える。
＊豆乳を加えた後は沸騰させないように気をつけて。

根菜クロックムッシュ

ごぼうと蓮根の バルサミコソテー

材料（1人分）

薄切りパン（好きなパンで）
　…2枚

ごぼうと蓮根の
　バルサミコソテー（右記）
　…適量

ホワイトソース（☞P.118）
　…適量

シュレッドチーズ…適量

黒こしょう…少々

1　パンは2枚とも、片面にホワイトソースを薄く塗る。

2　上になるパン1枚に、シュレッドチーズをのせる。

3　パン2枚をトースターで焼く。

4　焼き上がったらホワイトソースだけのパンに、ごぼうと蓮根のバルサミコソテーを盛り、溶けたチーズがのったパンを上に重ねる。仕上げに黒こしょうを少々ふる。

材料（つくりやすい分量）

ごぼう・蓮根（各小さめ角切り）
　…各50g

オリーブオイル…大さじ1

A　しょうゆ・バルサミコ酢・
　　はちみつ…各大さじ1
　　粒マスタード…小さじ1

1　ごぼうと蓮根をオリーブオイルでしっかり炒める。

2　Aを加えて炒めて味を絡める。

ポイント

まろやかな酸味とシャキシャキの歯応えで、ごはんにも合うおかずになるので、多めにつくり置くと重宝。

白身魚や豚肉のソテーなど、シンプルなメイン料理に添えたりサラダに混ぜたりすると味に深みがでます。

ホワイトソース

材料（つくりやすい分量）
牛乳…300ml
薄力粉…30g
無塩バター…20g
塩…小さじ 1/2
白こしょう…少々

1 鍋に牛乳、ふるった薄力粉、バターを入れ、火にかけて泡立て器で絶えず混ぜる。

2 とろっとしてきたらゴムベラで混ぜ、塩・白こしょうで味を調えて、保存容器へ移す。

＊最初の材料を混ぜる手順で泡立て器を使うと、ダマのないなめらかなソースに。

＊パンの上にのせて焼くので固めの仕上がりが◎。

春菊と香菜のエスニックサラダ

材料（2〜3人分）
春菊…1束
香菜（パクチー）…1束
クルミ…適量
エスニックマリネ液（☞P.59）
　　…適量

1 春菊と香菜は、固い部分を除いてざく切りにする。

2 1の葉物を合わせ、大きめの器にふんわり盛りつける。

3 クルミを散らし、食べる直前にエスニックマリネ液をかける。

白菜とカシューナッツのポタージュ

材料（2〜3人分）

白菜（ざく切り）…400g

玉ねぎ（薄切り）…1/2個

無塩バター…10g

カシューナッツ…30g

水…200ml

野菜ブイヨン…1袋（5g）
＊「オーサワの野菜ブイヨン」を使用

牛乳…100ml〜

塩・黒こしょう…各適量

1 鍋にバターを入れて火にかけ、玉ねぎをじっくり炒める。

2 玉ねぎがしんなりしてきたら、カシューナッツを加えて炒める。

3 **2**に白菜と塩を少々を入れて炒めたら、水と野菜ブイヨンを加えて蓋をして20分煮る。

3 粗熱がとれたらフードプロセッサーやミキサーで撹拌し、ザルでこす。

4 **3**を鍋で温め、牛乳で好みの濃度までのばし、塩・黒こしょうで味を調える。

蒸籠パン

1 蒸籠にパンを入れ、ふかふかになるまで蒸す。

＊冷凍パンは解凍せずに、そのまま蒸籠に入れて蒸しても。

ポイント

多少重なりあっても気にせず、種類の違うパンを入れて蒸してもOK。

ハード系パンもおすすめ。水分を多く含んでいるので蒸すとよりふかふかに。

ミルクチーズクリーム

材料（つくりやすい分量）

A 牛乳…100ml

　生クリーム…100ml

　グラニュー糖…40g

クリームチーズ…200g

1 Aを鍋に入れ、とろっとするまで10分ほど弱火で煮詰める。

＊ゴムベラで混ぜながら、焦げないように気をつけて煮る。

2 粗熱がとれたら、柔らかくしたクリームチーズと合わせる。

パン暮らしが楽しくなる材料

主材料

強力粉
北海道産「キタノカオリブレンド」を使用。小麦本来の風味と甘味、もちもち感が格別。パンのおいしさは小麦選びが重要。円居のパンはこの強力粉が骨格になっています。

準強力粉
北海道産の「タイプER」を使用。ハードブレッド専用粉で外はパリッと中はもちっと。

薄力粉
北海道産の「ドルチェ」を使用。お菓子はしっとり仕上がり、いろんな料理にも扱いやすくて重宝です。

強力全粒粉
北海道産の強力粉タイプの全粒粉を使用。強力粉に全粒粉を合わせると、小麦の香ばしい風味が格段にアップ。素朴なパンに配合するのがおすすめです。

酵母
「あこ天然酵母」を使用。米、麹、小麦粉を原料にした酵母はクセがなく、小麦本来の美味を最大限に引き出してくれるもの。毎日のように食べても飽きないパンができるのは、この酵母のおかげです。

塩
自然海塩で、天日と風で自然に干し上げた非加熱特殊製法の「天日海塩」を使用。天然の豊富なミネラル分とまろやかな風味が特徴で、料理の素材の味を引き立てる味つけに。

甘味
なるべく精製の少ないきび砂糖、粗糖、てんさい糖などを使用。メープルシロップはオーガニック製品を使っています。

副材料

ごま油
「竹本油脂」の太白胡麻油を使用。バターの代用として、パンやお菓子づくりに使いやすい。無味無臭で素材の風味を邪魔することなく、ふわふわ、しっとり焼き上げることができます。

オリーブオイル
フォカッチャづくりやサラダなどに使うのは、風味のよいエキストラバージンオリーブオイル。

乳製品
「よつ葉バター」、岐阜県産「関牛乳」、「スジャータめいらく」のプレーンヨーグルトを使用。

豆乳
「マルサン」の無調整豆乳を使用。

卵
岐阜県産「棚橋ファーム」の醍醐卵を使用。生鮮食品は、なるべく県内の生産者のものを使っています。

ブイヨン
「オーサワジャパン」の野菜ブイヨンを使用。化学調味料不使用・植物性の素材のみで、やさしい旨味。素材をシンプルに味わいたいスープづくりにお役立ち。

柑橘類
金柑、夏みかん、レモン、柚子、かぼすなど、そのときの旬の柑橘を欠かさずに。マフィンなどのほかに、サラダのドレッシングに、果汁や皮まで丸ごと使います。

ドライナッツ・ドライフルーツ類
アーモンドやカシューナッツなど、3〜4種類くらいを常備。ドライナッツもドライフルーツも、できるだけノンオイルを選んでいます。

パンづくりの困りごと Q&A

Q1 パンづくりで小麦粉はふるわず使っていい?

A ふるっても構いませんが、ふるう必要はありません。泡立て器で軽く混ぜて、空気を入れるだけで十分です。

Q2 レシピの準強力粉がない場合、代わりに強力粉でつくってもいい?

A 強力粉のみでも、パンは焼けます。

準強力粉がない場合は、強力粉8:薄力粉2をブレンドして代用できます。

Q3 打ち粉はどんな粉を使う? ベタつくときはたっぷり使っていい?

A パン生地と同じ強力粉を使います。

打ち粉は必要最低限にして。打ち粉を使い過ぎると生地にどんどん粉が吸収されて固くなり、焼き上がりもパサパサしてしまうので、少しずつ足すようにしてください。

Q4 ドライイーストタイプの天然酵母を使ってもいい?

A ドライイーストタイプの天然酵母でも問題はありませんが、酵母によってパンの風味は変わります。

Q5 きび砂糖をてんさい糖、または三温糖に変えてもいい?

A 砂糖の種類はお好みで構いません。

甘味の強い砂糖を使う場合は、分量を少し減らして調整してみてください。

Q6 レシピの砂糖の量を少し減らしてもいい?

A 砂糖には甘味を加えるほかに、香りや焼き色の色づきをよくする作用があります。生地の発酵を助ける役割もあり、砂糖を少量入れることで生地が扱いやすくもなります。

一方で砂糖を入れないと、より粉の風味や旨味を感じられます。じつは円居のお食事パンには、砂糖を使用していません。パンづくりに慣れてきたら、食事系パンは砂糖抜きでつくってみてください。

Q7 パンレシピの仕込み水の一部を豆乳や牛乳に変えてもいい?

A 仕込み水の一部を変えても、問題はありません。

ただし、牛乳・豆乳の約90%は水分、約10%は固形分となるので、全量を置き換える場合は注意が必要です。また、全量を豆乳に置き換えるとふくらみが悪く、仕上がりも固くなるので一部の置き換えがおすすめです。

Q8 ホームベーカリー向け(食パン用の粉)を使って生地が固めになった場合は?

A 例えばお米でも、同じ水の量で炊いても新米や銘柄によって、炊き上がりに差がでます。強力粉も同じで、必要な水分の量に差が出てきます。

とくに食パン用の粉は、強力粉の中でも水分を欲するタイプの粉で、生地が固くなるのは粉がよく水を吸っているからです。

もしレシピ通りに水を入れても固く感じる場合は、水を足してみてください。こねているときに水を足す場合は、少量ずつ加えましょう。

Q9 生地がなかなか発酵しない理由は?

A 発酵がうまくいかない理由は、様々ですが、大きな要因の1つは、「温度」です。この本で発酵の適温としているのは28〜30℃。こね上げたときの生地の温度が低い、発酵させるときの室温が低いなどが考えられます。

Q10 どうしても発酵しないときの対処は?

A 簡易的な小さな発酵器のような環境を設えるのも一案です。

例えば、発泡スチロールなど蓋のある大きめの容れ物に、ボウルに入れたパン生地、お湯をはった耐熱容器を入れます。お湯が冷めたら入れ替え、暖かい状態をキープします。

ふくらまないと心配になりますが、慌てず、気長に構えてください。ゆっくりじっくり時間をかけるほどにおいしくなっていきます。

Q11 発酵の目安より、かなり早く2〜3時間前にふくらんだ場合は?

A 仕込み水の温度が高かった、もしくは発酵時の温度が高かった可能性があります。

季節や温度管理によって、発酵時間はかなり変わってきます。次に仕込むときは、水の温度に気をつけてこねる、発酵の際温度にも気をつけてみてください。

Q12 冷蔵庫で休ませている間に、2倍以上にふくらんだ(過発酵)場合は？

A 過発酵の生地は焼き上げると色づきやふくらみが悪く、旨味と風味が消えてしまいます。その場合は薄くのばしてピザ生地に、小さく丸めて油で揚げてドーナッツにするのもおすすめ。

Q13 生地を休ませる際に、かぶせていたぬれ布巾が生地にくっつく理由は？

A くっつきに多い原因と対応策は2つ。

①布巾の素材がパンづくりに適していないとくっつく。

→ワッフル織りなど凹凸のある木綿布巾、または手拭いなどがおすすめ。

②ぬれ布巾の水気が多過ぎてくっつく。

→霧吹きで布巾を湿らせるくらいの、軽いぬれ加減で使う。または乾いた布巾をかけ、その上に固く絞ったぬれ布巾を重ねて置いてみても。

Q14 生地にくっついてしまったぬれ布巾をうまくはがすコツはある？

A なるべく生地の表面が崩れないように、スケッパーを使ってそっとはがしてください。

Q15 生地を丸めるとき、ベトベトして丸めづらくなった場合に、丸めやすくするコツは？ ベタつきにくい方法は？

A ベタベタになる原因には、「仕込み水の温度や水分量」などが考えられます。

同じレシピでつくっても、夏場は生地がベタつきやすく、冬場は生地が固くなることも。

また、あたたかい手で触り過ぎると生地がベタベタに。

対応策は3つ。

①水の量を調整してみましょう。

湿度が高い夏場の小麦粉は、粉自体に水分を含んでいるので、入れる水分量を少し減らし加減に。冬場は粉が乾燥して吸いやすくなっているので、水分量を増やして調整してみて。

②水の温度を調整してみましょう。

こね上げたとき生地の温度は28℃がベストで、30℃を超えると生地がだれて扱いにくくなります。季節に合わせて仕込み水の温度を気をつけて。

③ドーナッツなどの柔らかい生地を扱うときは、ゴム手袋をして丸めるのも一案です。

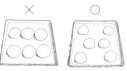

Q16 成形した生地を天板に並べるとき、焼き上がりのパンがくっつかないようにする配置は?

A パン生地の間隔がしっかりと空くように並べましょう。

発酵すると生地が前後左右にふくらむことを予想して。前後だけを空けて並べると、側面がくっついてよく焼けないことも。

Q17 オーブンの天板はどの段を使って焼くのがいい?

A オーブンの天板が2段の場合は下の段で、3段の場合は中段か下段を使用します。

高さのあるパンを焼く場合、上段を使うと庫内の天井についたり、表面が焦げやすくなります。

Q18 焼き上がりの良し悪しはどこで判断しますか?

A パンの底面を見ます。こんがりといい焼き色がつき、さらに底面をとんとんと指ではじいて乾いた音がしたら、中まで焼けた合図です。

Q19 パンの焼き色が薄いとき、もっとこんがりと焼き色をつけたいときは?

A 方法としては2つ。

①オーブンの温度を調整してみましょう。

焼き時間は大きく変えずに、オーブンの温度を上げてみる、またはオーブンの予熱時間を十分にとってみる。

②ハード系のパンなら、発酵を促して焼き色をよくするモルトパウダーの粉を1gほど加えてみても。

Q20 焼き上げたパンを冷凍しておいしく食べるコツは?

A 保存は冷蔵よりも、冷凍がおすすめです。

食べやすくスライスして1枚ずつラップで包み、保存袋にいれて冷凍室へ。2〜3週間を目安に食べ切りましょう。

冷凍パンを食べる際は、自然解凍してトースターへ。焼く前にトースターを予熱し、高温にして短時間で焼き上げます。冷凍のまま蒸し器で温めて食べても美味です。

モルトパウダーは、発芽させた大麦(モルト)を乾燥させた粉。

おわりに

この本を手に取ってくださり、ありがとうございました。
お好きなパン、気に入ったスープやサラダはありましたか？

今回は本をつくる過程で、まったくのパンづくり初心者の人たちに、
レシピの試作をしてもらいました。
はじめて酵母パンをつくった人たちの感想をまとめると
「きれいな形にはできなかったけど」の前置きがありつつも、
「おいしい」「愛おしい」「楽しい」という声があふれてきました。
そのわくわくした気持ちに、パンづくりの大事なことを思い出しました。
そうなのです、見た目を美しくつくることが一番の正解ではなく、
楽しんでつくれて、おいしく味わえたら、もう100点満点なのです。

うまくふくらむ日もあれば、思ったよりふくらまない日もあって、
そうなった理由を考えて、「次はこうしよう」ができてきます。
パンに使う酵母はある意味生きものですから、自然本位のものづくり。
「ねばならない」より「どうしてあげたらおいしくなるか」と思いやると
面倒が面倒でなくなり、愛おしい時間に変わってくるはずです。

わたしたちのお店「円居」の店名には、人と人、人とものが
「おいしくつながる幸せな居場所」のような意味合いもあります。
この本が、あなたとあなたの大事な人たちとの
おいしい居場所づくりのお役に立てることを、心から願っています。

パン喫茶「円居」　門脇磨奈美

門脇磨奈美 かどわき まなみ

岐阜県生まれ。「あこ天然酵母」との出会いから酵母パンに夢中になり、子育ての傍ら独学でパンや焼き菓子の研究・製造を続ける。2011年、岐阜市街の古い街道沿いに、パン喫茶「円居」をオープン。築100年ほどの町屋を改装した店は今らしいセンスのノスタルジックな空間で、そこで味わえる季節のパンメニューを楽しみに、地元や遠方からファンが通う。最近はたちまち売り切れる酵母ドーナッツなどオリジナルレシピ開発を深め、暮らしを大事にしつつ、独自の世界を広げている。

madoi.shop

写真
大沼ショージ

ブックデザイン
芝 晶子（文京図案室）

構成・執筆
おおいしれいこ

編集
大石聡子（すばる舎）

イラスト
門脇和正（ELEPHANT design）

校正
園部絢子

調理アシスト
尾崎裕加、佐々木有里
（ともに円居スタッフ）

材料提供
山本佐太郎商店
m-karintou.com

あこ天然酵母
ako-tennenkoubo.com

器協力
漆芸／登根円
QQ実験所
本田

スペシャルサンクス（敬称略）
片山輝・千鶴、竹内賢吾、
久津輪円、本田慶一郎・恵、
山本慎一郎、
まっちん、円居スタッフ、
応援してくださったみなさま

パン喫茶「円居」
暮らしのパンごよみ
春夏秋冬 酵母パンのテーブルレシピ

2024年3月20日　第1刷発行

著者
門脇磨奈美

発行者
徳留慶太郎

発行所
株式会社すばる舎
〒170-0013
東京都豊島区東池袋3-9-7 東池袋織本ビル
tel 03-3981-8651（代表）03-3981-0767（営業部）
fax 03-3981-8638
https://www.subarusya.jp/

印刷
ベクトル印刷株式会社

落丁・乱丁本はお取り替えいたします
©Manami Kadowaki 2024 Printed in Japan
ISBN978-4-7991-1194-9